孤独が癒されるとき

藤澤量正

［013］

本願寺出版社

孤独が癒されるとき

目次

Ⅰ 孤独のなかで

Ⅱ 人生の明暗

『浄土真宗聖典（註釈版）第二版』は『註釈版聖典』と略記しております。

Ⅰ　孤独のなかで

生は存の外のこと

日本の歴史の上では、数え切れない程多くの内乱があった。そのなかで最も悲惨な戦《いくさ》と言われたのは保元元年（一一五六）に京都で起こった保元《ほうげん》の乱である。これは、皇位をめぐって不満を持つ兄の崇徳《すとく》上皇と弟の後白河《ごしらかわ》天皇が激しく対立し、公家《くげ》も武士も、親子兄弟が敵味方に分かれて、互いに命を奪い合うという内戦であった。

この内乱の様子を詳細に記したものに『保元物語』（作者不詳）という書物がある。鎮西八郎為朝《ためとも》の奮戦ぶりなどが描かれたこの軍記物のなかに、天皇側についていた源《みなもと》義朝《よしとも》（頼朝・義経の父）の言葉が出てくる。彼は、上司の信西《しんぜい》から、親・兄弟を捨てて天皇側についたのは殊勝なことと賞められた上に、このたびの戦の大将に任ぜられたからには、忠勤を励むようにと言われた。当時、武士は公家に仕えていた。信西は、義朝の父である為義や弟の為朝が上皇側に組しているということを知っていたので、義朝の

苦衷を察して敢てそのように語ったのであろう。そのとき義朝は、

死《しぬる》は案《あん》の内《うち》の事、生《いきる》は存《ぞん》の外《ほか》のこと也。

（『保元物語　平治物語』『日本古典文学大系』第三一巻、九一頁）

と信西に申したと記されている。この言葉は、死ぬのは思っていた通りになることであり、生きるのは思ってもいないことであるという意味である。義朝は、この言葉を発することによって、死を覚悟して戦場に赴くのであるから、生きて帰るなど思ってもいないという心情を吐露《とろ》したのであった。

しかしこの義朝の言葉は、われわれがこの人生を生きる上で最も大切な心得を教えているようである。なぜなら、戦時でなくても、死は必然であり、生は偶然であるというのがまちがいなく人生の事実だからである。ともすればわれわれは、死は偶然のことと

錯覚し、いま生きていることはごく当り前のことと思って、ただいたずらに年月を送りがちではなかろうか。まことに「酔生夢死《すいせいむし》」というのは、そのような生き方を指すのであろう。

死を忘れて日暮らしをしているわれわれに、警告を発した文章があった。京都学派として有名な哲学者田辺元博士の「メメント　モリ」という短文のエッセイである。この「メメント　モリ」という言葉は〈死を忘れるな〉という意味のラテン語のようで、死を忘れないように当時の人間を戒めたものである。このエッセイは、昭和三十三年に書かれたものであるが、氏はこのなかで、

毎日のラジオが、たあいない娯楽番組に爆笑を強《し》ひ、芸術の名に値ひせざる歌謡演劇に一時の慰楽を競ふのは、ただ一刻でも死を忘れさせ生を楽しませようといふためではないか。「死を忘れるな」の反対に「死を忘れよ」が、現代人のモットーで

あるといはなければなるまい。

（『田辺元全集』第一三巻、一六五頁）

と述べている。四十数年経っても、この氏の指摘は、今の世相をも言い当てているような気がするではないか。

かつて戦時中は「いかに死すべきか」ということがよく語られたが、戦後の混乱期には「いかに生くべきか」がよく論議されたし、「生きがい論横行の時代」と言われたときもあった。生と死の問題は、洋の東西を問わず、時代の如何《いかん》にかかわらず、人間の中心課題であることにはまちがいがない。問題は、平生に生の諸問題に心を配るだけではなく、死の問題についても心に入れて生活しているかどうかということであろう。

思えば、現代は保証の時代である。したがって物品には、一年保証とか五年保証と明記して、需要者に対しての責任を明らかにしている。保証期間内であれば、故意にこわしたものでない限り、傷めば修理もしてくれるし、場合によっては新しいものと取りかえてくれるであろう。しかしわれわれのいのち、われわれの人生には保証書がついていない。医師が大丈夫であると言っても、今夜にもわからぬのがわれわれのいのちであり、たしかな人が「あなたを絶対に幸せにします」と言ったとしても、決して当てになるものではない。だからこそわれわれは、人の命は「出る息入る息を待たず」というきびしい現実に立たされていることを忘れてはならないということである。同時に、その人生の事実は、よく知っている、解っていると言っても、実感している、身についているということとは必ずしも同じではない。私にとっては、それを痛い程思い知らされたのが妻の死であった。

平成二年二月二十八日の夜のことである。若夫婦と孫が入浴を済ませて自分の部屋へ引き揚げたあと、私は茶の間でテレビのニュースを観ていた。十時過ぎであったと思う。そこへ終《しま》い風呂を済ませて妻がやって来た。妻は、一週間程前に二泊三日の日程で岐阜の下呂《げろ》温泉へ出かけたときのあれこれを話していた。私は聞くともなしに「フン、フン…」と相槌《あいづち》を打ちながらテレビを観ていた。二月初めに義弟が亡くなったこともあって、その頃妻はかなり疲れていた。したがって妻の慰労の意味もあったし、私も持病の腰痛があったので、温泉につかってゆっくりしようと下呂へ出かけたのであった。

妻は、いい加減な返事をしている私に「今度はいつ温泉に連れていってくれる？」としきりに訊《たず》ねた。私は「今年は日程に余裕がないから来年の二月頃だな…」と話した。妻は「ほんとに連れてってくれる？　きっとよ」とはしゃぐように言った。まだいろいろと話したそうであったが、私は「先に寝るぞ」と言って席を立った。しかしこれが最後の会話になるとは、私は言うに及ばず、妻もまた思いもしなかったことであろう。

翌三月一日の午前六時過ぎであった。「お母さんが洗面所で倒れているゥ…」という娘の叫び声に飛び起きて洗面所へ駆けつけた。妻は仰向けに倒れていた。六時に寺の梵《ぼん》鐘《しょう》を撞《つ》いて、起きて来た娘と二言、三言話したあと洗面所へ行ったのだという。すでに脈はなかった。救急車で国立病院へ出かけて診察を受けたとき、心電図はピタリと静止したままであった。医師は注射器で脊髄《せきずい》から液を取ったが血で真っ赤になっていた。「脳内出血です。太い血管が切れたようです」と医師は宣告した。私はその言葉を聞いて茫然自失《ぼうぜんじしつ》の体《てい》であった。

救急車の後を追って病院まで駆けつけてくれた近隣の人たちに抱かれて妻は無言の帰宅をした。すでに多くの人がわが家に集まって来ていて、家のまわりや部屋などが掃除されていた。「こんな思いがけないことが…」と口々に涙を流しながら話していた。中には妻の遺体にすがりついて号泣する人もいた。私も同じ思いでみんなの声を黙って聞いていた。

ところが日が経ってふと思い出したことがあった。われわれは人の死によって、その死のみを見て、自分の生がその人から問い直されているという事実を忘れているのではないかということである。われわれは、肉親や子どもや伴侶を失うことによって、誰にもわかってもらえないような虚脱感や言い知れない孤独にさいなまされるものである。

ひとりになったとき、止めどもなく涙が流れるのは、人間としてごく当り前のことであろう。しかしそこで止まってはならないということを私は妻の死によって気付かせてもらったことであった。

この世に生を享《う》けた以上は、誰びとも死をまぬがれることは出来ない。死の原因はさしく生である。われわれは病気や事故によって死に至るのであるから、それらを死の因と考えがちである。しかし病気や事故は死の因ではない。死をもたらした縁である。われわれは生きる限りに於てはどのような縁に遭《あ》うかわからない。われわれは縁あれば長生きもするであろうが、縁がなければ今夜にも命の灯は消されるであろう。だからこそ今が大事であるということである。

そのことを明快に語っていた舞台役者がいた。先年、NHKで「芸を語る」という番組を観ていたとき、喜劇俳優の藤山寛美《かんび》が、どのような思いで舞台に立っているかというインタビュアーの質問に答えて、「一言で申せば〈今を演じる〉ということです」と語っていた。彼は「一日生涯」という言葉に触れて、生涯というのは生の涯と書くのだから、一日一日が生の涯であるぎりぎりの中で生きているということである。したがって私の演技も毎日が最初で最後の演技であって、同じ芝居を連日続けても、昨日と同じ芝居だとは思っていない、〈今を演じる〉ということは、私に与えられた時間は今しかないということだという意味の発言をしているのを聞いて深い感銘を得たことであった。

かけがえのない人を失うことによって、われわれは今、何に気づくべきかが問われているのではなかろうか。そうでなければ、亡くなった人は私の人生に何の関わりも持たなくなったということになるのではないか。私は妻の死によってそれをきびしく教えられたような気がするのである。そこで思い出されるのは、和泉式部《いずみしきぶ》の歌である。彼女は愛してやまぬ娘を失ったとき、

子は死にてたどりゆくらむ死出《しで》の旅行く路《じ》知れぬと帰り来《こ》よかし

と詠ったと言われている。娘は死出の旅に出かけたが、行く先がわからぬと言って、もう一度母の許に帰ってはくれぬかという思いを詠ったのであろう。この心情は誰にもよく理解出来るし、同じ思いを抱いている人は今も少なくない。しかし和泉式部は、深いかなしみの後に、

露《つゆ》の世はあだにはかなき身と知れと教えて帰る子は知識《ちしき》なり

と詠っている。見事な心のひるがえりではないか。まことに人生は露のようにはかなく、人の命は全く当てにならないということをきびしく教えてくれた娘は、その死を通して人生を教えてくれ、命の尊さを知らせてくれた善知識《ぜんぢしき》であると娘を讃えているのである。善知識というのは、仏道に入らせる縁を結んでくれた人という意である。和泉式部は、娘の小式部《こしきぶ》が善知識であったと受けとめることが出来たとき、彼女はかなしみの涙だけ

にとどまらず、そこから起《た》ち上がる力が得られたのであろう。われわれは、別離のきびしい現実のなかであっても、人生のたしかな事実をしっかりとみつめることが大切である。その意味でも、源義朝の「死は案の内の事、生は存の外のこと也」という言葉は、いつも心に銘記しておきたいものである。

三つの苦しみ

釈尊《しゃくそん》が三十五歳で覚《さと》りを開かれて最初に説法されたのが「人生は苦である」ということであった。その初期の説法を集録した『ダンマパダ』の二七八に、

「一切の形成されたものは苦しみである」（一切皆苦《いっさいかいく》）と明らかな知慧《ちえ》をもって観《み》るときに、ひとは苦しみから遠ざかり離れる。これこそ人が清らかになる道である。

（中村元訳『ブッダの真理のことば　感興のことば』四九頁、岩波文庫）

と述べられている。苦とは思うようにならないということである。苦の原因として、道理の分らない愚かさを示す「無明《むみょう》」と、抜きがたい欲望をあらわす「渇愛《かつあい》」とが挙げられているが、そのことを先ず「明らかな智慧をもって観よ」と説かれたのであった。こ

れは真理に適《かな》う教え――正法《しょうぼう》に遇《あ》い得てこそ「苦しみから遠ざかり離れる」ことが出来ると示されたのである。

誰びとも逃れられない苦しみとして、生《しょう》・老《ろう》・病《びょう》・死《し》の四苦《しく》が挙げられている。生苦《しょうく》は生まれる苦しみである。この世に生まれることによって同時に苦を持たねばならないからであろう。老いてゆく苦しみ、病まねばならない苦しみ、死の苦しみは、人間として誰もが経験しなければならないところである。われわれは、すべての事象が無常であるにもかかわらず、愚かにも常に常住を求め、物事に執われることによって、さらに憂いを重ねているのが現状である。その苦の根となるもの、それが生・老・病・死の四苦である。

『スッタニパータ』の五七四に、

この世における人々の命は、定相《じょうそう》なくどれだけ生きられるか解らない。惨《いた》ましく、短くて、苦悩に繋《つな》がれている。


と説かれて、無常なるが故にそれが苦悩へと繋がっていると釈尊は説かれたのであった。

さらにその五七八には、

若い人も壮年の人も、愚者《ぐしゃ》も賢者も、すべて死に屈服してしまう。すべての者は必ず死に至る。

（中村元訳『ブッダのことば』一二九頁、岩波文庫）


という人生の確かな事実を明らかに示されたのであった。われわれは、「必ず死に至る」道を今歩んでいるということを忘れてはならないということであろう。

さらに、生・老・病・死の四苦に加えて、愛別離苦《あいべつりく》・怨憎会苦《おんぞうえく》・求不得苦《ぐふとっく》・五蘊盛苦《ごうんじょうく》の四苦が説かれていて、これらは先の四苦と合わせて八苦と呼ばれている。一般に、思うにまかせぬことが起こると「四苦八苦している」という言葉が用いられているのは仏教の四苦・八苦に由来するものである。

愛別離苦というのは、愛《いと》しいものと別れたときの苦しみである。言うまでもなく、相手への愛情が深ければ深いだけ別れたときの苦しみは大きいことを示している。しかし、月日の経過によって、苦がうすれてゆくということであれば、それは愛がうすれていったという証であろう。世間では、人間の世界で最も美しいものは愛であると言われているが、たしかにその一面はあるが、うつろいもまた激しいのではないか。仏教では、貪《とん》愛《ない》・渇愛《かつあい》・欲愛などと言われているように、苦を惹《ひ》き起こす執着《しゅうじゃく》であると言われている。作家の有島武郎《ありしまたけお》が書いた「惜しみなく愛は奪う」というエッセイは随分評判になったが、愛が極めて強い執着を持つものであるということを言い表わしたものであった。

怨憎会苦にしても、誰もが怨みや憎しみに会うことは避けようとはするが、その気持ちが強ければ強いだけ、それに遭遇したときの苦しみは大きいということである。このことは求不得苦の場合も同じである。健康の問題であれ、金銭上のことであっても、それを求める思いに正比例して得られぬときの苦が大きいということであろう。これらは、その気持ちの強弱によって、苦の大小があるということを示したものである。

次の五蘊盛苦は、われわれは因縁《いんねん》によって仮《かり》に和合《わごう》している存在であるから、われわれを形成している身心が盛んであればあるだけ苦が大きいということをあらわしている。その五蘊というのは、色《しき》（物質）・受《じゅ》（感受作用）・想《そう》（表象作用）・行《ぎょう》（意志）・識《しき》（認識作用）の五つを指しているのであるが、そのことは、われわれの身心環境のすべてをあらわしたものである。そのわれわれの身心の環境は、あまり変化を好まない人間の執着の上にあるので、健康であれば、かえって煩悩は激しく燃えるものである。感情が豊かであるということは素晴らしいことであるが、しかし無頓着な人より他人への配慮がこまやかなので苦も多くなり、鋭敏な感覚を持つ人は反応の鈍い人よりも苦が倍加され、意志強き者は、ご都合主義に終始する者より障害に立ち向かう苦は大きい筈である。言い換えれば、この五体そのものが苦から逃れることは出来ないと言うことであろう。よく知られているように、夏目漱石《そうせき》が『草枕《くさまくら》』のなかで、

智に働けば角《かど》が立つ。情に棹《さお》させば流される。意地を通せば窮屈だ。兎角《とかく》に人の世は住みにくい。（三頁、岩波文庫）

と述べているが、これがまさしく人生の実相なのであろう。

この八苦を大きくまとめると三つの苦しみとなる。その一つが「壊苦《えく》」である。これは文字通り壊《こわ》れてゆく苦しみである。このなかには、四苦のなかの老苦・病苦・死苦が含まれる。老いてゆくということは、身体の機能が老化して、それによる苦しみが増すことは当然なことである。同時に、モーパッサンの言葉であったと思うが、「老人の死は、若者にとってはペットの死よりも簡単に受容される」と聞くと、老人は、生きて

いることのわびしさとともに、言い知れない孤独に身を置くことにもなろう。死苦は命の終わりに体験するものであるが、病苦は事故に遭遇したり、高熱にうなされたり、手術を受けねばならないような状態になったとき誰もが経験するところである。これも健康な状態が壊れてゆくのであるから当然壊苦のなかに加えらるべきものである。

人生の中で最も深刻な苦しみであると言われるのが愛別離苦である。これは愛しあった仲が引き裂かれるのであるから当然壊苦のなかに入れられる。人は、愛する人との別離によってその人の人生設計が根底から狂わされたり、中にはその悲しみに耐えかねて自ら死を選ぶという事例は、洋の東西を問わず枚挙《まいきょ》に遑《いとま》がない。

ここで思い出されるのは、フランスの作家ポール・ブールジエの『死』（広瀬哲士訳・東京堂刊）という小説である。私の書架には、この小説集が古びたまま置かれているが、この書物の奥付をみると、昭和十四年九月に初版が出されている。私の手許にあるのは昭和十六年八月発刊のものであるが、わずか二年の間に百二十一版になっているのを見ると、この書がいかに爆発的に売れたかが想像される。ポール・ブールジエは、スタンダール以来の最大の心理小説家であるという宣伝文句に惹かれて、当時学徒動員で戦地に赴かねばならない学生たちが、死の問題を追求するために買い漁《あさ》ったものであろう。私もその一人であった。

私はこのたび何十年ぶりかでこの作品を読み直して、人間の情念の深さと、愛する者との別れによって生じる孤独のきびしさを思い知らされたことであった。同時に、人間の持つ愛情の脆《もろ》さと、別離によって深まる孤独感が、時によっては絶望的な思いを惹き起こし、それが死につながってしまうということをこの小説は物語っているのであった。

この小説の主人公は野戦病院の外科医である。彼はガンに冒《おか》されていながらも、医師として戦傷者の治療に専念した。しかしながら死の影を背負っての日々なので、言い知れない孤独感に襲われることが多かった。彼はいつも「真紅なバラの花のように美しい」と言っていた最愛の妻に、もはや死が遠くないから、そのときはいっしょに死んでほしいと語った。一般に女性は情的な面での決断は早い。若くて美しい彼の妻は、夫の言葉を聞くなり、すぐさま「最後の症状が起こったら話してほしい、いっしょに死ぬから…」と約束するのであった。医師が妻の言葉を聞いて、その愛情の深さに感動したことは言うまでもない。

しかし、彼女のその思いは何カ月も続かなかった。日が過ぎると緊張した思いは崩れるものである。ある日妻はバラの花を一輪添えて手記を書いて外出した。彼女はそのなかで、「私は真実にあの人を愛することが、取りも直さず私の一生であり、一切だと信じました。でもそれは真実のことではありませんでした」と告白し、さらに「もしあの人が死ねば、私はあの人といっしょに死ぬのが自然で、避けられないことだと思いました。あの人を奪《と》られては、私もないものと思いました」と夫の言葉を聞いたときの偽らざる心情を縷々《るる》と書き続けたのであった。だがその妻は、時間の経過にしたがってゆれ動く心の果てに、絶叫するがごとく「あんまり約束しすぎたのよ。赦《ゆる》して頂戴！」とホンネを語るのであった。

医師は妻の手記を見ておどろき、絶望した。所詮《しょせん》、人間はひとりであると思い知らされ、孤独の思いに沈んだ。そして彼は自らの手で命を絶った。いかに愛しあった夫婦であったとしても、死はそれぞれが自分の問題として考えなければならないものであり、自らの責任で処理しなければならないものである。人は、自分を支えてくれる人があると思ったときには充足感が得られるものの、ある日突然それが崩れたときは苦悩の渕《ふち》に追いやられ、孤独地獄に堕ちこむことを、この小説は物語っているように思えたことであった。愛別離苦が生きてゆくなかで身を切られるような苦しみと言われるのも、この小説に類したことが数多く出てくるからであろう。

「壊苦」に次いで二つ目の苦しみは「苦苦」と言われるものである。この中には怨憎会苦や求不得苦が入れられる。怨みや憎しみを強く意識すればするだけ苦しみが大きくなり、何かを求めようとする思いが深ければ、それが得られない苦は深まるばかりである。謂《い》わばこれは、好ましくないものを見ることによって神経がいら立ったり、焦《あせ》りがあるために平常心を持ち続けることが出来ない苦しみである。人間の感情は決して論理の説得を受けるものではない。だから怨みや憎しみを持たなければ苦しい場に立つことはないと頭で解っていても、そうさせない人間の複雑な感情が、かえって苦をつくり出すことも少なくない。「少欲知足《しょうよくちそく》」と言われているように、足ることを知って、これ以上求めてはならないと自らに言い聞かせても、どうにもならない現実にぶつかって、さらに苦しみを倍加させてしまうというのが人生の相なのであろう。

三つ目の苦しみとして「行苦」が挙げられる。これは存在そのものが苦であるということである。このなかには生苦と五蘊盛苦を入れることが出来る。人は、生まれたときから死をかかえているという事実は見逃すことは出来ない。また人間は、健康であれば病者以上に煩悩《ぼんのう》が激しく燃えることがあるし、感覚が鋭ければ気にかかることが多いので取越し苦労も多くなるであろう。心やさしき人であれば、人のことまで苦になって落ちつかず、意志が強ければ、一つの事を貫くために、どうでもいいと思っている人よりはるかに苦は多い筈である。まさしくわれわれは、正常で健康であるから苦がないのではない。生きるままが苦から逃れることが出来ないのである。われわれの体を「苦器《くき》」と呼ばれているように、まさに人間は苦しみのつまった器であると言えようか。

このように考えてみると、「一切は苦である」ということは、まさに不変の真理と言える。釈尊が『ダンマパダ』のなかで「一切皆苦」と説かれたのは、われわれの人生のすがたを言い当てられたのであって、それは、人がそのことを好むと好まざるにかかわらず、誰もが決して逃れることの出来ない事実であるということである。

ところで人間は、何か特別な問題が起こって始めて苦悩するのではない。どんな些細《ささい》な問題に出あっても困るように出来ているのである。それは「考える」という精神作用がある限り誰びともまぬがれることは出来ない。そのようなわれわれのすがたを親鸞《しんらん》聖人《しょうにん》は「苦悩の有情《うじょう》」と言われた。これは人間は本来苦悩的存在であるということを示したものである。その人間の苦悩の上に、救わねばならないという阿弥陀如来《あみだにょらい》の大願が成就されたのである。苦悩をいつもかかえねばならぬ身なればこそ、われわれは常に如来の本願の真実を聞きひらいてゆかねばならないと説き続けたのが親鸞聖人であった。それによって苦がなくなるのではない。苦が超えられる道が拓《ひら》かれてゆくということである。

昭和の妙好人《みょうこうにん》と言われた石見《いわみ》（島根県）の浅原才市《あさはらさいち》さんは、

く《（苦）》をぬいてく太《（だ）》さるじひ《（慈悲）》がをむあみだぶつ《（なむあみだぶつ？）》
くをぬかずともく太さる《（下さる）》じひがなむあみ太ぶつ

（鈴木大拙編『妙好人　浅原才市集』四五〇頁）

と詠っている。彼は学問、知識はなかったが、ひたむきに仏法を聞き続けた勝《すぐ》れた念仏者であった。「苦を抜かずとも下さる慈悲《じひ》」こそが、われわれから離れたもうことがない阿弥陀如来であると知らされたとき、苦をかかえながら大きくて広い仏のふところに抱かれたのであろう。だからこそ彼は、

ゑゑな（いいなァ）せかいこくう（虚空）がみなほとけ
わしもそのなか、なむあみだぶつ

（藤秀璻著『宗教詩人才市』六七頁）

というすばらしい心境に至ったのであった。

禅の研究者として多くの業績を残した鈴木大拙《だいせつ》博士は、浅原才市の四千を越す法悦《ほうえつ》の詩を取り上げて、世界宗教者会議で絶賛し、アメリカの大学で仏教について講義をするときに彼の詩をテキストに用いたという。また詩人の北原白秋《はくしゅう》は、才市翁《おう》の菩提寺である島根県温泉津《ゆのつ》町の安楽寺《あんらくじ》で彼の詩に触れて感動し、白秋が多くの詩のなかから選び

取ったのが、

風を引けばせきが出る才市《さいち》が
御法義のかぜをひいた
念仏のせきが出る、出る

（『同』二八八頁）

という作品である。これは今も安楽寺の境内《けいだい》に詩碑として建てられ、多くの人びとに親しまれているところである。

われわれは、苦が超えられるためには何が大切なのか、この人生を自己の責任によって生きねばならない限り、そのことを十分に聞き開いてこそ、明るく充実した日々が持てるということであろう。

五つの畏れ

言うまでもなくわれわれは凡夫《ぼんぶ》である。凡夫というのは凡人であって、聖人でも賢者でもない。謂わば〈ただのひと〉に過ぎない。その凡夫について、親鸞聖人は『一念多念文意《いちねんたねんもんい》』のなかで、

「凡夫《ぼんぶ》」といふは、無明煩悩《むみょうぼんのう》われらが身《み》にみちみちて、欲《よく》もおほく、いかり、はらだち、そねみ、ねたむこころおほくひまなくして、臨終《りんじゅう》の一念《いちねん》にいたるまで、とどまらず、きえず、たえず（以下略）

（『註釈版聖典』六九三頁）

と極めて具体的にそのすがたを明らかにされている。この文章については、改めて説明する必要はないと思われるが、ただわれわれ凡夫のかかえている煩悩は、「臨終の一念

にいたるまでとどまらず、きえず、たえず」と指摘されている点はよく考えてみるべきであろう。

煩悩の語源は「クレーシャ」と言われているが、これは〈かき乱す〉という意味である。われわれの身心を常にかき乱すということであろう。親鸞聖人が「身を煩《わずら》わし心を悩ますもの」と言われたのはその意味である。同時にこの煩悩は「使《し》」とも言われている。百八の煩悩とか八万四千の煩悩と言われているが、それを自らかかえておりながら、いつもそれらに使われているのが人間の実態である。

そのようなわれわれであるから、来《こ》し方行く末に思いを至して、取り越し苦労や不安、或いは愚痴などを持つことも少なくない。そのために畏《おそ》れ怖《おのの》く心が絶え間なく出てくるのであろう。だからこそ「凡夫とは畏怖《いふ》心の去らないもの」と言われているのである。

たしかにわれわれは、生きてゆくなかで、人生の岐路に立たされて戸惑うことも一度や二度ではない。しかも人生の上で生じる問題はすべて応用問題であって、一人ひとりが自分で解決しなければ誰も確かな解答を与えてはくれない。したがって若者も老人も、男女を問わず、時代や国の如何にかかわらず、人は常に苦悩の縛りのなかで生きてゆかねばならないということである。

仏教では、われわれは五つの畏怖心を持つものだと説いている。その一つは、この命をどのように活かしたらよいかという畏れである。これは「活命畏《かつみょうい》」と言われるものであって、それが健康上の問題であれ、生活一般に関するものであっても、男女・老若《ろうにゃく》を問わずに生じる畏れである。

明治末期の歌人で、晩年は親鸞聖人の教えに傾倒したという伊藤左千夫《さちお》は、歌誌「アララギ」の編集者であった斎藤茂吉《もきち》の求めに応じて、「わが命」と題した連作を発表した。そのなかに、

生きてあらん命《いのち》の道に迷ひつゝ偽《いつ》はるすらも人は許さじ

（『伊藤左千夫全短歌』五六二頁）

という一首がある。たしかに人は、どう生きるべきか、どう生きるのが本当なのかとい
くたびも模索《もさく》を続けるために、時には自己を守るための偽わりを持つことがある。いつ
も自己を有利な場に置きたいと希《ねが》うからであろう。しかし相手は決してそれを許そうと
はしない。自分の場合は、止むを得ないことであったと認めながら、相手の場合は、偽
わることは認めない。きびしく詰《なじ》ることも、ごく当然のように思ってしまうところに人
間の得手勝手さがある。そのときこそ人間の本性が露《あらわ》に出てくるのであろう。だからこ
そ左千夫は、

悲しみを知らぬ人等の荒《あ》ら、けき声にもわれは死ぬべくおもほゆ

（同頁）

と詠ったのであった。この歌は、いささか大袈裟《おおげさ》にも思えるが、感受性の強いこの歌人にとってみれば、「悲しみを知らぬ」人たちの荒々しい声には耐え難い思いにさいなまされたのであろうか。

われわれは、物心両面にわたって、生きる限りに於《お》いては苦を余儀なくされるであろうし、それによって畏怖心が消え去ることはないのであろう。問題は、それをいかにして克服するか、それが各自に与えられた課題であり、それに応える道を説いているのが仏法であるということを先ず考えておきたいものである。

次に挙げられるのが「悪名畏《あくみょうい》」である。これは、人びとの間で、自分に対して悪い評判が出ていないかという畏れである。考えると個性的な人は、さまざまな分野でかなりの実績を挙げることが出来ても、そのために人から批判されやすい。「何と言われようと、わが道を往くのみ」と言い切る人が、案外他人が自分にどのような評価を下しているかを気にするものである。それは感性が豊かである程その傾向は強い。もちろん八方美人型の人は、信用が置けないと人から嫌われることは言うまでもない。

どのような人からも愛される生き方をするということは、没個性的と思われるし、時に「人の口に戸は立てられないから」と平然としているかに見えても、決してそうではない。人間は極めて自尊心が強いから、やはり少々のお世辞《せじ》がまじっていても、ほめられるとうれしいものなのであろう。また、自ら十分に認めている欠点であっても、第三者からそのことを指摘されると、相手への反感が生じることは間々《まま》あることである。

したがって釈尊は、『スッタニパータ』の四五一に、

自分を苦しめず、また他人を害しないことばのみを語れ。

（『ブッダのことば』九二頁）

と説いている。ことばは、ひとたび不用意に自分の口から出してしまうと、他人を害す

るばかりでなく、自分をも苦しめるということを、われわれは日常生活のなかでしばしば経験しているところである。

さらに釈尊は、その四五二に、

好ましいことばのみを語れ。そのことばは人々に歓《よろこ》び迎えられることばである。

（『同』九二頁）

と述べている。三千年前の釈尊の時代から現代に至るまで、人間は、ことばをつかうと同時に、ことばにつかわれる存在であることを思えば、他人の評判を全く苦にしないで生きるということは、凡夫にとっては、至難のことと言わねばならないであろう。

次に考えられるのが「怯衆畏《こしゅうい》」である。これは、世間体《てい》を気にし、世間の目を常に意識しての生活ぶりからくるもので、欧米人には「義理があるから…」ということばなどはなかなか理解しがたいようである。アメリカの文化人類学者のルース・ベネディクトは、名著と言われた『菊と刀』(長谷川松治訳・角川書店刊)のなかで、日本人は「義理ほどつらいものはない」ということばをよく用いるが、これに相当する英語は全く見当らないと述べている。しかも彼女は「この義理というものは、日本が中国の儒教《じゅきょう》から得たものでもないし、東洋の仏教から得たものでもない、日本独特のものである」と語って、「義理を考慮にいれなければ、日本人の行動方針を理解することは不可能である」とまで言い切っている。そして彼女はこの書の結びのところで、

彼らは、人が「義理」を果たさなければならないのは、「もしそうしなければ、人びとから『義理を知らぬ人間』と呼ばれ、世人の前で恥をかくことになるからである」、と言う。「義理」にどうしても従わなければならないのは、世間の取沙汰が恐ろしいからである。

(『日本教養全集』第一八巻、八二頁)

と述べている。二十一世紀になって、社会の様相も変化し、特に若者の意識も大きく変《へん》貌《ぼう》しているだけに、かつての日本ほど「義理ほどつらいものはない」という考えはいくらかうすれているであろうが、それでも農山村に在っては、今でも義理・人情は欠かせぬ人の道であるという考えは極めて根づよいものがある。人間は決して一人では生きてゆくことが出来ないからこそ、他人や自分を取りまく環境への怯《おび》えも生まれるのであろう。

次が「命終畏《みょうじゅうい》」である。これは文字通りに自分の命がこれで終わるのではないかという畏れを抱くことである。よく知られているように、『歎異抄《たんにしょう》』の第九条に、

いささか所労《しょろう》のこともあれば、死《し》なんずるやらんとこころぼそくおぼゆることも、煩悩《ぼんのう》の所為《しょい》なり。

（『註釈版聖典』八三七頁）

と述べられているが、この「所労」というのは病気のことである。われわれは、生涯にいくたびとなく病気をするが、死につながる病気は一度しかないとわかっていても、どの病気がそれに相当するかは誰にも全く分らない。人は誰でも、重い病気にかかったり、手術台に乗らねばならなくなったときには、これが死と結びつくのではないかと不安な気持ちに駆られることがある。これも死にたくないという煩悩の為せるわざであるということを示されたものであった。

もちろん、医師から時間の問題だと宣告されても、重病をのりこえて長命を保つ人もあろうし、こんな病気で死ぬ筈はないと思っていても、それが予期に反して命取りになったという例もわれわれはよく知っている。また思いがけない事故や災難に遭うことによって命を失うこともあるのであるから、まことに人生は「一寸先は闇」である。しかもわれわれは、良寛禅師《りょうかんぜんじ》が語られたように、「病むときは病むがよろしく、死ぬときは死ぬがよろしく候」と割り切れないところに凡夫のかなしさがある。それなればこそ、一日一日の命の重さをわれわれは十分に考えなければならないところである。

五つの畏れの最後に出てくるのが「悪趣畏《あくしゅい》」である。これは死んでから先のことまで心配するもので、死んだ後に裁かれるべき世界や、むさぼりや争いの境界に堕ちこむのではないかということが気になって畏怖心をつのらせるものである。三悪趣《さんまくしゅ》というのは、この命の趣くところが地獄・餓鬼《がき》・畜生《ちくしょう》の三悪道《さんまくどう》の世界ではないか、そんな恐ろしいところへは行きたくないという畏れをかかえることを指している。正しい教えに遇うていても、中途半端な聞き方をしていたり、わが身の愚かしきすがたにのみ眼が向けられて、仏の救いの手だてを正しく受けとめようとしないところに出てくる畏怖心であるとも言えようか。

人は人と人との間に生きる限りに於ては、問題のなくなることはないということを先に述べたが、そのなかでもやはり一番深刻な苦しみや悩みは孤独感であろう。孤独から脱け出せない状態を「孤独地獄に堕《お》ちた」と言われているのも、その状態が極苦の世界と言われている地獄になぞらえていることを思えば、これはまことに深刻である。時に人は「孤独を愛す」ということもある。喧騒《けんそう》な生活に耐えられなくなって、ひとりの時間を大切にしたいと思うときがしばしばあるのは事実である。しかし人間は、いついつまでもひとりで生きるということは、これまた耐えられないところであろう。したがって、どのようにしても癒《いや》しがたい孤独そのものを解決する力に遇うことを措《お》いて、真実の安らぎは得られないことをわれわれは自分の問題として考えてみなければならないところである。

仏や菩薩《ぼさつ》がその威力や方便を以て衆生の畏怖心を取り去るところから「施無畏《せむい》」と称される。畏怖心の去らないわれわれに、畏れ無き身とさせたいと、あらゆる手だてを以てわれわれに接したもうからだということをわれわれはよく考えたいものである。また、慈悲の象徴とされている観世音《かんぜおん》菩薩は、人びとの苦しみを救い、無畏を施すというところから「施無畏者」と称されている。さらに仏像の右手の五本の指をそろえ、肩の高さにあげて、たなごころを外に向けたすがたを「施無畏の印《いん》」と称していることによっても、仏はつねにわれわれの畏怖心に向かって、その慈悲を表現し、われわれの畏怖心や孤独感を拭《ぬぐ》いとってくれるものだということを忘れてはならないことである。

孤独を超えるもの

薄倖《はっこう》の詩人と言われた竹内てるよに『静かなる愛』（第一書房刊）という詩集がある。昭和十五年三月に発刊されたものである。私は若い頃いくたびとなく読み返し、その抒《じょ》情《じょう》のすばらしさと人生への愛の美しさを知らされた思いであった。この詩集は、発行されると、当時の詩壇に大きな反響を呼んだ。詩壇の重鎮《じゅうちん》であった堀口大學は、「この詩集は、その詩情の清らかさの故に尊い。ここに見出されるこの清らかさは、汚濁《おだく》と焦燥《しょうそう》の今の世にあって最も欠けてゐる大切な美しさの一つである」と絶賛した。この『静かなる愛』のなかに「オリオンとシリウスたち」という長篇の詩があるが、その一節に、

人は
苦悩すべく生れ

泣くべく育ち
やがて死んでゆくべく生きてゐる
そのかけがへなきいとなみが　どうしてあんなに判《わか》らなかつたか
若い日よ
（一三五頁）

というのがある。私はこの詩については各地で多く話して来たし、雑誌に紹介したこともあった。それだけに今も時折暗《そら》んじたままを口に出したい衝動に駆られることが少なくない。

たしかに人は苦悩するためにこの世に生まれて来たし、涙をいくたびも流すことによって、人生を学び、その成長もあったように思う。ただの一度も自分自身やその人生に涙したことのない人に成長が見られないというのは、識者がよく指摘しているところである。この二行は、この詩人の半生と全く無縁ではない。彼女は苦悩の渕に沈み、涙とともにその半生を生きた人であった。

私がこの詩人を知ったのは、昭和二十六年の四月から三年間、神奈川県藤沢市の鵠沼《くげぬま》で教鞭を執っていた頃である。俳人の八幡城太郎《やはた》の紹介で、私の勤務先に近いところに住んでいた日本未来派の詩人、佐川英三を訪ねたことによってであった。当時佐川氏は肋骨《ろっこつ》カリエスのために病床に在ったが、生来の器用さからガリ版の原紙を切ることを内職としていた。貧と病の中に在りながら、ただの一言も愚痴めいたことを話さない佐川氏に、いくたびか会ううちに私はとても心が惹かれていった。

某日、私は、中学・高校生のための詩誌をガリ版刷りで発行したいと思っているがどうであろうかと佐川氏に相談したところ、すぐに賛成してくれた。不定期刊で「らんぷ」という題の詩誌を発行することにした。当時小学生のための詩誌は、竹中郁《いく》の「きりん」や鴫原一穂《しぎはらかずほ》の「こども詩の国」というのがあったが、中学・高校生のための詩誌は全国をみても皆無だった。地方紙の「神奈川新聞」が作品募集に協力してくれたし、詩人の田中冬二《ふゆじ》、岩佐東一郎も力を貸してくれた。また長老の堀口大學や北川冬彦からも激励を受けたことは今以《もっ》て忘れることが出来ない。その頃、佐川英三に、中学生にでもわかる詩の話を「らんぷ」に協力するという形で気楽に書いてくれる人はないだろうかと相談したところ、すぐさま紹介してくれたのが竹内てるよであった。私と竹内てるよとの交流は、この詩誌の発刊から始まったことである。

たまさか「御殿場《ごてんば》から鵠沼の地に移られて療養をしておられる秩父宮殿下を、主婦之友社から依頼されて訪ねることになっているので、前日に江の島で宿を取るから来てほしい」という手紙が竹内さんから届いた。昭和二十七年の秋だったと思う。江の島へ出かけたとき、この詩人から手渡されたのが『わが愛の書』（東和社刊）という自分の半生を述べた詩文集であった。この書によって私は、竹内てるよのすさまじいまでに苦悩にみちた半生を知った。

竹内てるよは生母を知らない。北海道の人と聞いていくたびも渡道したが生母の消息《しょうそく》は全くわからなかった。結婚して男児を産むという幸せもひとときで終わり、胸を患《わずら》うことによって婚家を追い出され、わが子とも生き別れをしなければならない羽目になった。『静かなる愛』の冒頭の詩の「頰」にも、

ただ自らのよわさと　いくぢなさのために
生れて何も知らぬ吾子《あこ》の頰に
母よ　絶望の涙をおとすな

（一〇頁）

という一節があるし、『わが愛の書』のなかにも、「人生のダイス」と題した作品に、

ダイスは
不思議な　わざしである

私一人を敗者にした
勝者に　勝者の人生があるように
敗者にもまた
敗者のたのしい人生がある

（一九九頁）

と詠っている。まことに人間は「苦悩すべく」生まれてきたことを語り、涙はかなしいが、涙の故にこそ成長があったことをこの詩人は書きつづっている。しかもわが人生は「死ぬべく生きている」のであって、死を忘れた人生、そのような「いとなみ」を知らないことほど愚かなことはないということを、この詩人は訴えているようである。

元来、生と死は別のものではない。裏表の関係である。しかも「生死《しょうじ》の苦海」と言われるように、死をかかえながらの生を持つわれわれは、その生涯に於て迷いや苦しみは深くてはてしなく広い。まさしくそのようななかで独りで生きねばならないというのが現実である。したがって常に流転《るてん》し、常に迷いを重ねてゆかねばならないのがわれわれの人生の実相である。だからこそその苦を、そのかなしみをどう解決するかがわれわれにとって焦眉《しょうび》の課題になるのであろう。

『無量寿経《むりょうじゅきょう》』には、

人《ひと》、世間愛欲《せけんあいよく》のなかにありて、独《ひと》り生《うま》れ独《ひと》り死《し》し、独《ひと》り去《さ》り独《ひと》り来《きた》る。行《ぎょう》に当《あた》りて苦楽《くらく》の地《ち》に至《いた》り趣《おもむ》く。身《み》みづからこれを当《う》くるに、代《かわ》るものあることなし。

（『註釈版聖典』五六頁）

と説かれている。「行に当りて」というのは、自己の為す善悪の行業《ぎょうごう》に従ってという意である。誰も代わってはくれない人生なればこそ、反面、そのなかを生きることは尊いことであるということを知らねばならない。

哲学者の三木清は、

孤独は山になく、街にある。一人の人間にあるのでなく、大勢の人間の「間」にあるのである。

(『三木清全集』第一巻、二六二頁)

と述べた。たしかに孤独は閑静な山のなかにあるのではない、さわがしい街のなか、群衆のなかに在る。かつて「群衆のなかの孤独」ということばが流行したが、始めから独りであれば孤独感が生まれる筈はない。「世間愛欲のなか」にあってこそ感じるものであろう。その孤独をどう超えてゆくか、それがわれわれ一人ひとりに課せられた大きな命題である。

平成三年十月下旬の或る日のことであった。毎年、秋の法座に出講している大阪府茨《いばら》木《き》市のお寺へ出かけた。ご住職は大阪学院大学の英文学教授で、いつも気持ちよく迎えていただき、話が終わったあと、しばらく歓談できるのが私の一つの楽しみであった。しかしこの年は、その日の夜七時半頃には山口県の小郡《おごおり》に行くことになっていたので、話が終わる四時半頃にタクシーを呼んでもらって、五時過ぎの新大阪発の新幹線に乗る予定であることをあらかじめお願いをしておいた。話が終わって急いで帰る準備をしている私に、ご住職が「今日はゆっくりしてもらえずに残念ですね。この本は私の大学時代の同級生の三回忌に造った追憶集です。新幹線のなかででも読んで下さい」と三百頁を越すA5判の立派な本を手渡して下さった。その本には『仰雲』というタイトルの横に〈土橋秀高《つちはししゅうこう》先生追憶集〉というサブタイトルが附せられてあって吃驚《びっくり》した。龍谷大学教授であった先生が、まだ助教授であられた頃、私の寺へも一度だけであったがお話に来てもらったことがあるので、なつかしさでいっぱいだった。早速頂戴して新幹線の車中で一気に読んだ。むなしさとおどろき、かなしみとかすかな安らぎが複雑にからみあって私の胸のなかをかけめぐるような思いであった。

土橋先生は、京都の山科《やましな》にある自坊の経営と門徒教化に専念するために、定年を待たずして大学教授を辞任された。もちろん専門分野である「仏教の戒律《かいりつ》の研究」にも没頭されるお気持ちがあったのであろう。大学教授を退任された三年後にご夫人が往生され、そのかなしみが消えない一年半後に、あろうことか本堂が全焼した。本堂で夕方のお勤めを終えたあと、ローソクの火を消し忘れたまま書斎にこもって執筆されている間に火が燃えさかって、本堂のみならず庫裡《くり》も全焼し、書きためた原稿の殆どを消失されたというのである。

しかし、ご住職の誠実な人柄と、真摯《しんし》な求道者としての先生の姿を見て門徒は起ち上がった。本堂が焼失した二年後に、本堂も庫裡も再建されたのである。住職の不注意によって消失した本堂や庫裡が、短期間の間に再建されたという例を私は知らない。先生の人徳の然らしむるところであろう。これからはご恩報謝の日々をと思われていたのに、今度は関東の或る大学の助教授として単身赴任をされているご子息との音信が途絶えたので、様子を見に出かけられたところ、将来を嘱望《しょくぼう》されていたご子息は、理由は定かではないが、下宿で自ら命を絶っておられたのである。丁度本堂・庫裡が再建された一年後のことであった。

土橋先生の門弟であった龍谷大学の淺田正博《あさだまさひろ》教授は、追憶文集のなかで、「ご子息の葬儀の席で、先生は幼い二人のお孫さんを並べて、参列の皆さんに、『この孫が成人するまでは、老骨に鞭《むち》打ってでもこの寺を護り抜きます』と挨拶された」と述べられている。さらに淺田教授は、「ところが一年後、ご子息の伴侶は、二人のお孫さんを連れて実家へ帰ってしまわれたのである」と書かれている。土橋先生は全くのひとりぼっちになってしまわれたのであった。その頃の歌と思われるものに、

今からは孤独ぞ我は秋空に
ぽつりとうかぶ一ひらの雲

（八五頁）

というのがある。一人になってしまったという言い知れない作者の孤独感が、この歌を口ずさむとふつふつと湧《わ》いてくるような気がするではないか。

しかし、孤独を告白するだけで終わってしまうのであれば、他にもいくつかの例を挙げることが出来ると思うが、土橋教授のすばらしさは、この言い知れない孤独を超える世界をもっておられたということである。私は『仰雲』のなかの絶唱だと思うが、

両親《おや》おくり妻さきに逝《ゆ》き子のいそぐ
あかね（茜）の雲は美しき哉《かな》　（一一六頁）

という一首をみると、法悦《ほうえつ》の世界に身を置く安らぎさえ看《み》て取る思いがするのである。例えば「あかねの雲はかなしかりけり」と詠うことは誰にでも出来るであろう。しかし妻子を失った直後に「あかねの雲は美しき哉」とはなかなか言い切れないものである。

両親を見送り、最愛の妻に先立たれ、自分の不始末で本堂・庫裡を消失し、門信徒の熱意によって再建のよろこびに浸る間もなく、将来に大きな期待を抱いていたご子息までが自死され、その上孫たちに託した夢も打ちくだかれたという事実は、この作者にどれだけ大きな衝撃を与えたか分らない。しかし作者は、両親も妻も、今は西方浄土《さいほうじょうど》に在って、みほとけとともにこの自分の身を案じながら、あたたかく見護っていてくれるであろう。自ら死を選んだ息子も、みほとけに抱かれて母の許に行って安らいでいるに違いない。美しくあかね色に染まった西の空の雲は、さながら西方浄土から金色《こんじき》のひかりを届けてくれているようであると作者は思ったことであろう。だからこそ「あかねの雲は美しき哉」と詠うことが出来たのだ。そこには、安らいだ信の世界と、穏やかな心のひろがりを感じずにはいられない。

釈尊は『スッタニパータ』の二六八に、

世俗のことがらに触《ふ》れても、その人の心が動揺せず、憂《うれ》いなく、汚《けが》れを離《はな》れ、安穏《あんのん》であること、――これがこよなき幸せである。（『ブッダのことば』五九頁）

と説いている。中村元博士の註釈によれば、この「世俗のことがら」というのは、利得、不利得、名声、不名声、賞讃、譏《そし》り、楽、苦の八つをいうと述べられている。したがってどのような状態にわが身が置かれようとも、その心が動揺することもなく、憂いもなく、汚れもない、安穏であることが、何にもまして人びとにこの上なき幸せをもたらすというのであろう。生死の世界にあって、いつも「世俗のことがら」にまみれて、迷い苦しむわれわれにとって、土橋教授の歌とともに、この『スッタニパータ』の聖句は、私たちのむねに明るい光を与えてくれるようである。

Ⅱ　人生の明暗

発想の転換

よく「発想の転換」ということばが用いられる。事業の推進や会社の経営が行きづまったとき、また学問の上では、研究している問題が壁につきあたって前へ進まなくなったときに、従来の考え方から脱却して、発想を換え、視点を変えてみれば、案外道が開かれるということがある。自分のかかえていた固定観念を洗い直してみるということが非常に大切であるということを、われわれはしばしば経験している。

世間でよく「窮《きゅう》すれば通ず」ということばが用いられているが、よく考えてみると、これほど矛盾したことばはない。「窮する」ということは、どうにもならぬ程に行きづまったという意味であろうから、切羽《せっぱ》つまったら道が開かれるとはとても言える筈がない。これは、「窮すれば転ず、転ずれば通ず」ということばが本来の意味で、そのなかの「転」を抜いてしまった結果によるものだと思われる。「転」という字は捨てるという意味ではない。〈受けとめてかえる〉ということであり、従来の発想を切りかえるということである。

例えば「窮鼠猫《そ》を噛む」という諺《ことわざ》があるが、猫に追いつめられた鼠《ねずみ》は、受け身一方で、もはや逃げ場を失ったとき、鼠が突然攻勢に転じて猫に噛みつけば、猫は予想もしていないことであるから、一瞬ひるむことであろう。その隙《すき》に鼠は逃げるのである。これは鼠の身を守るために生じた一つの知恵というべきか。したがって、どうにもならなくなったときには、その状態から逃げずに、それを受けとめた上で、立場を変えて考えてみれば、おのずから道が開かれるというのが、転のはたらきである。

私の忘れられない俳句のひとつに、

病むもよし病まば見るべし萩すすき

（『吉川英治全集』第五三巻、二八四頁）

という一句がある。これは吉川英治が天才棋士と言われた升田《ますだ》幸三に贈った句であると言われている。升田幸三は、そのひらめきと、大胆な棋風によって、文人には多くのファンを得ていたと言われている。しかし弟分の大山康晴に将棋の名人位を奪われてからは、失意のどん底にあった。取りわけ病気勝ちであった升田幸三は、病身なるが故にきびしい勝負に耐えることが出来ないわが身を歎きながら療養を続けていたのであろう。それを見た友人の吉川英治がこの句を彼に贈ったのであった。

吉川英治がこの句を贈った気持ちは、恐らく今まではきびしい勝負の明け暮れをしていたので、秋になっても、萩やすすきを賞《め》でるゆとりはなかったであろう。しかし病気もまたよいではないか、この機会にゆっくり秋の風情《ふぜい》に触れて、勝負のみに揺れ動いてきた心を鎮めて、ゆったりと生活してほしいという思いをこの句に託したものであろう。私は、六ヶ月余り入院していたとき、折にふれ縁にふれて、この吉川英治の句を思い出していたことである。

平成七年の八月初めのことである。私はある医師の紹介で、関西では耳鼻科の名医と言われているという京都府立医科大学附属病院で村上泰教授の診察を受けた。右耳下にしこりがあり、血痰《けったん》も出ていたためである。教授は先に撮ったCTを見たあと、口の中を内視鏡で見るなり、即座に「これはまちがいなく喉頭《こうとう》ガンです。声帯《せいたい》も切除するので声を失うことになります。命には代えられませんから…」という宣告であった。あまりにも簡単に、しかもはっきりと言われたせいか私は驚くひまもない程であった。病室が空いたので八月下旬に入院して九月初めに喉頭摘出の手術を受けた。

たしかに手術直後は、遂に声を失ったという事実が、言い知れないさびしさとかなしさで私の心を苦しめた。その上鼻からゴム管を通して流動食を摂《と》っていたのだが胃液が逆流して、傷口の一部が壊死《えし》する羽目になった。持病の腰痛で体を動かしすぎた所為かもしれない。二回目にその切開手術を行ない、傷口を胸部の皮膚を切って縫合するために三回目の手術を受けた。念には念を入れた方がよかろうというのでコバルト治療も三十回受けて、入院生活は六ヶ月余りになった。その間に私はいくたびとなく吉川英治の句を思い返していたが、なかなか「病むもよし」という心境になり得なかった。

私は四十数年にわたって布教現場や教壇に立っていただけに、声は生命であった。喋《しゃべ》ることが全く出来ないということは、私の人生が終わったような思いであった。住職である身が読経も出来ず、法話は言うに及ばず、念仏さえも称えられない身になったときの絶望感は、例えようのない程深刻であった。

そんなとき、私は、パラリンピックの提唱者であると言われたイギリスのグッドマン博士の、

失ったものを追い求める前に、残されたものの価値を見出せ。

ということばを思い出しては、何回となく反芻《はんすう》した。そして、私が健康なとき、講義や

布教などでこのことばをよく語ってきただけに、今度は自分に言い聞かせねばならぬと思ったことである。

このグッドマン博士のことばを知ったのは、国鉄時代に、私が鉄道道友会講師として、国鉄の現場機関である駅や機関区、保線区、客貨車区などを始め、全国七カ所に開設されていた鉄道療養所などへ出講していた頃、Sさんという鉄道員に会ったことによるものであった。

Sさんは、ある電車区で作業中に高圧線の誘導電流にかかって倒れ、遂に両手を切断した。二十代の前途春秋に富む年齢であっただけに、Sさんは、奈落の底に沈んで、なかなか起ち上がれなかった。彼は言い知れない苦悶を抱いて、教会を訪ねたこともあったという。しかし彼の心はみたされることはなかった。とある日、鉄道道友会講師の或る先生が話しに来られた。その頃Sさんは病院を退院して療養所に入っていたようである。何回かその先生の話を聞いているうちに、「この先生は本当のことを話している」

と直感したようだ。Sさんは直接出会って、自分の心に積っては消えることのない苦しみを訴えた。温厚でしかも心の広いその先生は、Sさんのかなしみを受けとめながら、「生きるのは自分が生きることである」ことを諄々《じゅんじゅん》と語られたようである。Sさんはその頃療養所の雑誌で知ったグッドマン博士のことばとこの先生のことばが重なり合って、彼の閉ざされた心がほぐれていく思いがしたという。いつまでも両手を失った執われから脱け出さねば苦しみの消えることはないと思ったのであろう。そのとき、自分の心にひとすじの光が射しこんだようであったと彼が語ったことを思い出すことである。執着から脱け出すということは容易なことではない。まして二十代のSさんが、そのことに気付いたということは驚嘆に値することである。

『スッタニパータ』の七五〇に、

どんなに苦しみが起るのであろうとも、すべて動揺を縁《えん》として起る。諸々の動揺が止滅するならば、苦しみの生ずることもない。

と説かれている。この「動揺」というのは、訳者の中村元博士の註によると「愛執をいう」と述べられているから、愛着という執われの煩悩によって苦しみが起きることを明らかにされたのであった。人間である限りすべての執着から離れることは不可能である。しかし一つのことに執着して、自らを見失っていることに少しでも早く気付くことが何より大事なことであろう。仏教は覚醒《かくせい》の宗教である。何が真実であり、何を拠《よ》りどころとして生きるべきかを明らかに教えるものである。そのことに気付き得てこそ新たな人生が開かれてゆくのであるということをわれわれはひとときも忘れてはならない。

Sさんは、鉄道道友会の先生やグッドマン博士のことばによって新しく生きる道が開かれたように思った。自分は両手を失っても、障害者のところへ出かけることの出来る両脚はそろっているし、彼らを励ますことばも持っていることによろこびを見出さねば

と思った。彼は聞法《もんぽう》を重ね、仏書に親しむことによって明るい方向が見出せるようにな
った。Sさんは、遂に決心して僧籍に入った。自分の得た安らぎとよろこびを一人でも
多くの人に語りたいと思ったのであった。

彼は東京の築地本願寺で結婚式を挙げた。生涯の伴侶となったのは、彼が両手を失っ
て苦悩のどん底に喘《あえ》いでいたとき、病院の看護師として陰になり陽になってSさんを慰
め、励ましつづけたTさんだった。Tさんの両親はSさんと結婚することに猛反対した
が、Tさんの愛情と決意は微塵もゆるぐことはなかった。僧侶としての法衣《ほうえ》一式は、か
つてSさんが勤務していた国鉄の電車区の仲間たちから贈られたという。そのSさんが、
念仏の声が全く聞かれない土地に住んで、一生賭けて一人でも二人でも仏法をよろこぶ
仲間をつくりたいと発願していることを聞いて、全国の鉄道道友会の講師たちが集まっ
て励ましの会を開いたことである。私も発起人の一人としてそのすばらしい門出を祝福
したことであった。

現代はホンモノを求める時代である。「光るもの必ずしも黄金ならず」ということばがあるが、いかに光り輝いていても鍍金《メッキ》したものは必ず剥《は》げるときがある。銀であろうと銅であろうと、それがホンモノであれば、それなりの輝きと価値を持つものであることは誰もが知っているところである。Sさんは夫婦で間借りをして、東北の或る市の街頭に立って、道行く人びとに、生きる上に何が一番大切なのかを訴えつづけた。彼の真《しん》摯《し》な姿勢と諄々《じゅんじゅん》と語ることばに耳を傾ける人が日を追うて多くなった。そして遂に土地を寄進する人があらわれ、多くの人たちの浄財が集められて一寺を建立することが出来たのである。これは稀有《けう》のことである。快挙というよりも、Sさんの気迫が決して中途半端なものではないことを市民の多くの人が感じたからであろう。人の心を動かすのは技術ではない、誠意である。何の駆け引きもないホンモノの熱意であるということを、私はSさんの成果をみて痛感したことであった。

Sさんは私の寺にも来てもらったことがある。山村の小坊にSさんを招いて彼の体験を語ってもらったことであった。そのときSさんは、合掌の美しさと尊さを語った。「私が如来さまの大慈悲心に触れて、心の底からみほとけの前に跪《ひざまず》いて、手を合わせようとしてもその手がないことをどれほど悲しく思ったことか。しかし私が静かに如来さまの前で頭を垂れているとき、合掌のできない私に、如来さまが手を合わせて拝んでいて下さる思いがしたとき、いくたびその感動に涙を流したか分りません…」と語り、合わせる手を持ちながら、合掌の姿を持たない生活ほどかなしいものはないと話してくれたことであった。

Sさんが食事をするとき、私の妻が、義手では時間がかかって大変だろうからと言って、一口一口を箸につまんでSさんの口に入れていた。「このおかずでいいですか？今度はご飯にしましょうか？」と言いながら食事を差し上げていた妻は、終始ぽろぽろと涙を流しつづけていた。しかしSさんは、手のないことにこだわりを持つこともなく、悠然として言われるままに食事を摂っておられた。その姿に私は言い知れない感動を覚えたことである。そこには「こだわり」を持たない美しささえ感じたことであった。

『スッタニパータ』の七五二に、

こだわりのない人はたじろがない。しかしこだわりのある人は、この状態からあの状態へと執着していて、輪廻《りんね》を超えることがない。

と説かれている。われわれは、こだわりつづけて自らを苦しめ、さらにその執われによって苦しみの世界を流転しがちである。それがわれわれ凡夫の実態ではなかろうか。

私は入院中に、いくたびとなく自らの来し方行く末に思いをめぐらした。取りわけ何十年もの間自分の仕事としていた〈話すことを主とした生活〉を放棄しなければならないだけに、今後の残された人生を具体的にどのように過ごすかが私の一つの課題であった。ただ漫然と生きるだけでは済まされない自分の性格をみつめながら、何か具体的な生きる道を見出さねばと思い続けていた。

そんなとき私は、一通のお見舞状を受け取った。それを一読して愕然《がくぜん》とした。そのハガキの末尾に、「先生が話しておられたグッドマン博士のことばを実践していただくことを期待しています」と書かれていたからである。そのとき私は、やり切れない思いを持った。何となく揶揄《やゆ》されているような気持ちになったからであろう。しかしあとでよく考えてみると、人をからかうような気持ちをもっている人ではなかったし、まじめに物事を考える人でもあった。彼は善意と期待をこめて書いてくれたのであろうが、それを素直に受け止める器量のない自分におどろきが立った。そのハガキを受け取ってから二、三日の間、ある種の「わだかまり」を持ちながら過ごした自分を情けなく思ったことである。健康なときと病者のときとは、その受け取り方に大きな落差があることに気づいたことでもあった。

しかも、そのような私の気持ちを切り換えさせてくれたのは、毎日のように病室を訪ねてくれた先輩や同僚、友人知己《ちき》や教え子たちのあたたかい励ましであった。中には、私の苦衷《くちゅう》を察して何も言わずに手を握って涙を流してくれる人が何人かあって、私はそのあたたかさに胸つまる思いをいくたびも経験した。その人たちの涙がそのままことばであった。孤独と愚痴を抱いていた思いが、それらによって拭われるだけではなく、病気にならなければ知られなかったこと、かなしみに遇わなければ決して見ることの出来ないよろこびを感じたことは貴重な経験であった。日を経るにしたがって、吉川英治の俳句も素直に受けとめることが出来たし、Sさんの姿勢やグッドマン博士のことばも私の心を洗ってくれた。

かなしみを超えるためには、自分自身の弱い心を超えねばならないということであった。人は、まさしく自分の人生を生きねばならない以上、強く明るく生き抜く道は何なのかを自らの問題として考えるべきなのであった。それは資質や能力の問題ではない。自分がどう生きるべきかという根本命題に忠実に真向かうことなのであろう。その意味でも発想の転換は、つねに心して置かねばならないことであった。私はその意味でも、下関の六連島《むつれじま》のお軽《かる》さんという同行《どうぎょう》が、夫に裏切られて死を決するほどに思いつめたなかから聞法をつづけて、遂にその心境を、

もろうた　もろうた
よい智慧もろた
愚痴が感謝にかわる智慧

と歌ったことに心が惹かれている。まことに見事な心の転回である。それはどのようにして得られるのか。それを自らの問題として考えなければならないところに、われわれの大きな課題があると言えるのであろう。

かなしみに克つ

人間は、その置かれた環境によって生き方が左右されることが多い。したがって、どのような条件のなかでも平気で生き切るということは容易なことではない。その意味では「人間は環境の動物である」と言われるのは当然なことである。しかし一方人間は、自分が生きられる環境を自ら創り出すことが出来るというすばらしさを持っている。それを成し得ないとき、人は、自らの人生を自らの手で終結させてしまうのであろう。

『死因事典』（東嶋和子著・講談社ブルーバックス）という新書判の本がある。私はサブタイトルの「人はどのように死んでゆくのか」ということばに惹かれてこの本を求めた。さまざまなデータを駆使して、人間はどのような病によって死に至る者が多いかとか、さまざまな事故死の分別もされている。また、著名人は、いつ、どのような病気によってその生涯を閉じたかなども挙げられている。そのなかに、平成十年の警察庁の統計を示して、自殺者の数は交通事故死の三倍を上廻り、三万二八六三人であったと述べて、その動機をみると病苦が一万一四九九人で三五％を占めているというのである。

ところが、平成十四年七月二五日の「毎日新聞」の一面に「生活苦自殺、最悪の六八四九人、総数は四年連続三万人超」と書かれていて驚いた。平成十三年の自殺者は三万一〇四二人で、その内男性が二万二一四四人、女性が八八九八人と男性の方がはるかに多く、しかも六〇歳以上が全体の三五％を占めているというのである。経済大国ニッポンと言われ、一見、豊かで平和な環境に見える国が、経済・生活問題で自ら命を絶った数は、十年前に比べると三倍強になっている。動機で最も多いのはやはり健康問題の一万五一三一人と発表されている。病気が不治の病などと宣告されると、孤独感がそのまま絶望感につながってしまう人が少なくないということであろうか。ともあれわれわれは、その精神基盤をいつも確かなものにしておかないと環境に流されてしまうものであるということを忘れてはならない。

昭和四十七年の春であったと思う。日本で初めてノーベル文学賞を得た川端康成が、すでに七十歳を超えて、枯淡《こたん》の境地にあるとさえ思われたのに自殺した。当時の人びとは大いに驚いた。しかもこの作家は「末期《まつご》の眼」という文章の中で、

いかに現世を厭離《えんり》するとも、自殺はさとりの姿ではない。いかに徳行高くとも、自殺者は大聖の域に遠い。（『川端康成全集』第二七巻、二〇頁）

とまで言い切っていたからである。さらに、ノーベル文学賞を受賞した記念講演のなかにあっても、

また戦後の芥川や太宰治（一九〇八―四八）などの自殺を讃美するものでも、共感するものでもありません。（「美しい日本の私」『同』第二八巻、三五〇頁）

と語ったこの老作家が自殺をしたのである。人によっては、〈老残〉とか〈老醜〉というものを恐れたからであろうと言われた。謂わば、老いて醜い姿を人の前にさらけ出したくないというこの作家の一つの美学の表現であったのかもしれない。

川端康成は、自殺直前まで自宅近くの仕事場で、依頼された『岡本かの子全集』の推薦文を書いていた。その岡本かの子の、

年々にわが悲《かな》しみは深くしていよよ華やぐ命なりけり

（『岡本かの子全集』第九巻、四九〇頁、ちくま文庫）

の歌について触れ、「宗教的光芒《こうぼう》を感じる」と書いたところでペンが停っていたと伝えられた。岡本かの子のこの歌は、仏法に深く帰依《きえ》した人にはよく理解できても、一般の人から見れば、かなしみが深くなれば、そのいのちが萎《しぼ》むことはあっても、いよいよ華

やいでゆくとは考えられないことであろう。

岡本かの子は「私は三つの瘤《こぶ》をもった駱駝《らくだ》である」と言っていた。それは、小説と短歌と仏教を指していた。仏教に帰依していた彼女であったればこそ、年を経るにしたがって悲しみは深くなるが、そのかぼそい命を照らし、あたため、育《はぐく》んでくれるみほとけのいのちの通うわが命であったと知らされれば、かなしみの深さに正比例してよろこびが生まれ、このいのちも華やいでゆくと詠ったのであろう。この深い心境は、川端康成をして「宗教的光芒を感じる」とは言わしめたものの、もしも彼女の心の底に流れるようなよろこびを深く理解することが出来たならば、私は、川端康成は自ら命を断つという挙に出なかったと思うのは考えすぎであろうか。

川端康成は大阪の茨木市で育ったのだと記憶している。たしか一、二歳のときに両親と死別し、その後面倒を見てくれた祖父にも姉にも相次いで死なれている。多感な幼年期に味わったその孤独感は、終生彼のむねから消え去ることはなかったのであろう。この作家のすばらしい感性と、磨き抜かれた表現力はあっても、「死の影を宿した文学」と評する人があったのは、まさしくそれに起因していたのかも知れない。

人は、縁にふれては苦悩し、時に絶望し、場合によってはその進路をふさがれて、遂には死の深渕にのみこまれてしまうこともあるのであろう。だから人間が在るところ必ず宗教が存在する。宗教は、人間がかかえているこの苦悩、この絶望、この孤独にさいなまされているものを癒し、救うものでなければならない。誰びとも決して肩代わりはしてくれないこの人生をどう生きるかという根本命題に、本当の解決を与えてくれるもののこそ真実の宗教と言わるべきものであろう。

岡本かの子は、

いづこにもわれは行かましみほとけのいましたまはぬ処《ところ》なければ　（『同』三二六頁）

と詠っている。見事な法悦《ほうえつ》の歌である。明日の人生がどのようになるかは誰もが分らない。たとえそれが病苦で死期が近づく恐れがあるときでも、生活に疲れて見通しの利かない日を迎えねばならないときでも、「みほとけのいましたまはぬ処なければ」とたしかに受けとめることが出来れば、「いづこにもわれはゆかまし」と明るく起ち上がることが出来るというのである。ひとたびのいのちである。われわれは、いのちを粗末に扱ってはならないというごく当り前のことを、しっかりと確認しておきたいものである。

昭和三十六年の夏も終わろうとしていた頃であった。私は十二、三キロ離れた町の或るお寺の仏教婦人会の法座に出かけた。話を終えて汗を拭いていたとき、一人の中年の男が講師部屋に入ってきて、毎日が苦しみの連続で、生活的にも精神的にも行き詰ってしまったので、どのように生きるべきかがわからなくなってしまったというのである。話によると、十三年前に、高校生であった長男が小学生の三男を連れて近くの川に遊泳に出かけたその帰りに落雷に遭い、長男は即死、三男は命が助かったものの重い後遺症があって今も何をすることもなく自宅で過ごしているという。それにこの二月には、高校生の四男が跳び箱がうまく跳べず、体育教師の特訓を受けていたところ、誤って落下して腰の骨を折り、下半身麻痺《まひ》となって今も日赤病院に入院している。医師の診断では回復は全く不可能であり、しかもあと数ヶ月位の命であろうということであった。医療費と生活費に追われるだけでなく、精神的にも追いつめられて、回復の見込みのない三男と四男を道連れにして死にたいと何度思ったことかと彼は溢れる涙を拭いながら、どう生きるべきかと解答をせまったことであった。当時、三十代後半の私には、この中年の男の苦悩を具体的に解きほぐすだけの力量がなかった。ただ彼の苦衷を察して、その男の手を取って共に涙を流すのが精いっぱいのことであった。やがてそのKさんは、しみじみとこんな話をしたことである。

「先日病院へ出かけると、息子が私の顔を見つめながら、『父ちゃん、いまぼくが死んだら、親孝行者やと言われるやろなあ…』と言うたんです。私はすかさず、馬鹿なことを言うもんじゃない、父ちゃんは家・屋敷を売ってでも、お前が退院するまでがんばるんやから…と言ったのです。息子がとても不憫《ふびん》に思われて泣いたことですが、同時に、私の胸底を見抜いて言うたのではないかと思って恐ろしくなりました。今の状態が続くと、たしかに一家総倒れという感じです。こんな不幸が続く私に、仏さまは、具体的にどのように生きよと仰言《おっしゃ》るのか、それを聞かせてほしいのです…」

その話を聞いて私は、的確な解答を示すことは出来なかった。自分の力不足を痛い程思い知らされていたとき、仏教婦人会の会長がお茶を持ってきてくれた。部屋の外で立ち聞きをしていたという会長のOさんは、Kさんに向かって、いきなり「私が悪かったわ、ごめんしてね…」と手をついてあやまったのである。私は言うに及ばず、Kさんもびっくりしていた。やがてOさんは、「Kさんのところは大変やなあ、お気の毒にと思っても、お手伝いすることもなく、ただ他人事のように見ていた私が悪かった。かんにんしてな…」と言うたことであった。

そのときKさんが思いがけないことばを出した。「そんなこと言うてもろうたら、わしゃもう愚痴が言えんがのう…」と言いながら深々と会長に頭を下げた。私はその光景にとても感動した。追いつめられたKさんの心の闇を破ったのは、この会長のあたたかなことばとその態度であった。たしかに人生の道は他人が解決してくれるものではない。しかし追いつめられた人には、何よりもあたたかなことばが欲しいものである。相手の心にひびくことばこそが、傷ついた心を癒してくれるものだということを、私はそのときに感じた。会長のOさんは、しばらくしてこのように語った。

「あんたは、わし程不幸な人間はないと話されていたけれど、親に向かって、いま死んだら親孝行もんと言われるやろなあ、と言われたその息子さんの方がどれだけ不幸なことか、あんたは親として、そんな気持ちを持たせたままで息子さんの一生を終わらせるつもりなの？　子どもが幸せになるかどうかは親の責任と違いますか。せめて仏さまのあたたかなお心が説かれている本でもお寺で借りて、息子さんに読んであげたらどうです？　お話が少々難しゅうとも、その親の気持ちはきっと息子さんに通じると思うけれど…」

私の言わねばならないことを会長のOさんが話してくれたように思った。それを聞いたKさんは、会長に向かって、何度も「おおきに　おおきに」と礼を言いながら帰って行った。私は今もその姿が目の前に浮かぶようである。

その年の十一月に再度そのお寺に招かれた。夜の法座が終わったあと、Kさん夫妻が訪ねてきた。私はすぐさま息子さんの容態を訪ねた。すると「十月に亡くなりました。とうとう駄目でした。それでも最後の一ヶ月半は、親の責任を果たさねばと思って、毎日病室へ通いました」と言いながら次のように話された。

「八月にお会いしたあと、仏婦の会長さんの話を思い出して、一晩中考えた末に、私は日通を退職しました。銭がほしかったからです。あと何ヶ月持つかわからない四男坊のために、出来るだけのことをしてやりたいと思いました。お寺から借りた仏さまの本を持って、毎日息子の枕許で十五分か二十分位でしたが読んで聞かせてやりました。始めは『もういいよ』と余り聞こうとしなかったのですが、あとには『父ちゃん　ありがとう』とか『仏さまも心配してくれているんやねえ』などと申しておりました。息子に私の読んだ本の意味がわかったかどうかは知りませんが、本を読んで聞かせている私の方が随分教えられました。今思うと、息子は私の仏さんでした…」

Kさんは熱い涙をこぼしながら、四男の死を無駄にしてはならないということを繰り返し語っていた。その後町内の製薬会社に勤めて、各地へ自転車で出かけ、家庭薬を配達していた。人間は七十を過ぎても、体が動く間は働かせてもらわないと勿体《もったい》ないというのが口ぐせであったという。十何年働いて、たまさか岐阜県で行商中に交通事故に遭った。意識不明の中で、うわ言のように「正信偈《しょうしんげ》」を唱えていたという。後年、妻のNさんは、「如来さまが離れていなさらん証拠やと思った」と語っていた。Kさんは、七十五歳で波乱にみちた人生の幕を閉じた。

数年前に、Nさんは五男に連れられてわが家を訪ねてくれた。私の体を案じてのことであった。その頃Nさんは、とても米寿に近い年齢には見えない程元気に話してくれた。

「私は五男二女と七人の子どもに恵まれたけれど、男の子三人が事故で亡くなりました。三男も落雷事故のあと、ひどい後遺症があって、四男が亡くなった三年後に死にましたし、主人も交通事故でしたので、世間では四人とも事故死するのは何かあるのと違うかと噂をしているようでした。しかし私は、四人のおかげでしっかりお念仏をよろこばせていただく身になったのですから、主人や三人の息子たちは善知識《ぜんぢしき》さまと思うております…」

Nさんは涙を流しながら話し続けられた。

「私は苦しいことも、死にたい程のかなしいことにも何回となく出会うてきました。しかし、大丈夫なお方に支えられ、亡くなった主人や子どもたちに励まされて、かなしいことはあっても、にぎやかに護られていると思うています。今では少しもさびしくはありません。本当に幸せ者です…」

Nさんは、かなしくてもさびしくはないと何回も話していた。かなしみに克《か》つには、弱い自分に克たねばならないが、自分が力まなくても、つねに照護《しょうご》したもう如来のめぐみに遇い得たものは、本当に力強い人生を自ら切り開くことが出来るということを、このNさんは、如実に物語っていると思ったことである。Nさんは、平成十三年の五月に九十一歳で往生の素懐《そかい》を遂げた。

さびしさとかなしみ、孤独と自己の弱さに悩んでいるものにとって、無条件に抱きとられる救いの手ほど、あたたかく安らいだ思いを持つことはない。冷たさが強ければ、それを癒してくれるあたたかさは、ひとしお強く感じるものである。親鸞聖人は、「讃《さん》阿弥陀仏偈和讃《あみだぶつげわさん》」に、阿弥陀仏の名の一つとして、「大安慰《だいあんに》」ということばを用いておられるが、高田の専修寺に残された国宝本の左訓には、

大安慰は弥陀のみ名なり。一切衆生のよろづのなげき、うれえ、わるきことをみなうしなふて、やすく安からしむ

（『浄土真宗聖典全書(二)』宗祖篇上、三四〇頁、原文片仮名）

と示されている。われわれのかかえている一切の憂いやかなしみも、凡夫なるが故に積み重ねているその悪業《あくごう》も、すべて消して安堵《あんど》せしむるはたらきをもっているからこそ、阿弥陀如来のおん名を「大安慰」と称するのであると明らかにされたのであった。世に憂いや苦しみ、かなしみの消え去ることはない。しかし、Nさんが語ったように、どんな状態に置かれても、「かなしいことは続くけれど、さびしくはない」と言い切れる人生をお互いに持ちたいものである。

生きる意味

『スッタニパータ』の五八四に、

泣き悲しんでは、心の平らぎは得られない。ただかれにはますます苦しみが生じ、身体がやつれるだけである。

（『ブッダのことば』一三〇頁）

と説かれている。たしかに人は、人間である限り人と人の間で苦悩する。生涯を通して苦楽を共にすることを誓った夫も妻も、何時かは別れねばならないし、縁によっては最愛の子に先立たれるということもある。それらのことによって、涙が涸《か》れる程泣き、眠れない夜を続けては苦しむこともあるであろう。しかしそこにのみ止まっていては到底「心の平安」は得られない。その悲しみや苦しみをいかに転回させて自らの人生を空《むな》しく過ごすことのないようにするかは面々の大きな課題である。まして病床で呻吟《しんぎん》しているときに、どのようにして心のひるがえりを持つかは極めて大切なことで、これはやはり平常から自ら生きられる場はどこか、どんな状態になっても「心の平安」を得られる道は何かを考えておかないと、暗闇から暗闇へと流転《るてん》することで終わってしまうものである。

私は、いろんな書物との出会いを持ったが、何回も読み返した本はそう多くはない。その一つが高見順の『闘病日記』(岩波書店刊・同時代ライブラリー)である。一九九〇年に発刊された直後にこの書を求め、一気に読んで深い感動を覚えた。以来十年余りの間にいくたびもこの書を読み返した。

高見順は「最後の文士」と言われた人であるが、ガンを宣告された後も、詩を作り、執筆活動や近代文学館開設のために力を尽くし、その業績は高く評価された。彼は従兄《いと》弟《こ》であった永井荷風《かふう》と並んで、昭和を代表する日記作家の双璧と言われた。その膨大な日記はかなりの量であるが、昭和三十八年から死に至る昭和四十年八月までの分を編集して、二冊の文庫本に圧縮されて発行されたために、私もこれを読む機会が与えられたことは幸いであった。

この作家の日記を読んで考えさせられたことが二つあった。その一つは、病床に在ってしかもガンと闘いながら、その読書量の多さと幅の広さには驚くばかりであった。届けられる諸雑誌や文学書・評論集のみならず、時にはサルトルやツルゲーネフの作品を通して語り、パスカルやキエルケゴールの思想に取り組んで思索を深めるなど、とても病人とは思えぬ程のすさまじさであった。また、病床で芥川賞の選考委員として候補作品を丹念に読んでは選評を書くなど、その精力的な読書・執筆活動には感嘆するばかりであった。

しかし彼は、否応《いやおう》なしに死と向きあう日々を送っていたために、それを克明に日記に書きながらも、生と死の問題については懊悩《おうのう》した。自分のいのちの帰するところは一体何処にあるのかと苦しみ、時には明らかに迷走している場面が見られる。『聖書』を開いては神の啓示《けいじ》を仰ぎ、内村鑑三の書物に感動しても、そこで心が落ちつけなかった。国木田独歩や正宗白鳥が死の直前まで苦しみ悩んだことも述べている。また『歎異抄』を読み、さらには暁烏敏《あけがらすはや》の『仏説無量寿経講話』を読むことに集中した。一巻六百頁もあるものを六巻も読み切っているのにそれでも安住していない。澤木興道の書によって禅を学び、瀧沢克己《かつみ》の『仏教とキリスト教』にも惹かれている。そして彼は、

「救い」は「かなた」から来る。「かなた」からしか来ないのである。
「信心」により「帰依」により救われる。
（『高見順　闘病日記』上巻、二五〇頁）

と明快に書いているところもある。さらには、「妙好人の素朴さ、めでたさ」と称して、浅原才市さんの、

わしが、ねんぶつを、となゑるじやない、
ねんぶつの、ほうから、わしのこころにあたる、ねんぶつ。
なむあみだぶつ。　　才市　（『同』上巻、五〇七頁）

という法悦のうたをよろこんで受け止めたかと思うと、「もう、どうでもいいや」と苦しみをのぞかせている。そして亡くなる一ヶ月余り前の昭和四十年六月二十七日の日記には、

人間であることの苦しみ。
人間であるための苦しみと、ちがう。　（『同』下巻、三一九頁）

と書き、同年七月三日には、

あまり苦しいときは（鈍痛の継続は、激痛とまたちがった苦しみである）精神がモーローとなる。なんにも考えられぬ。そのくせ、暗いおもいに蔽《おお》われる。苦しみの底に明るさをつかむことができるときは、いつだろうか。（『同』下巻、三二四頁）

と赤裸々《せきらら》にその苦しさやものさびしい心情を吐露《とろ》している。彼は熱心に宗教書を読んだ。自分のいのちの依りどころはどこなのかと求め続けた。しかしなかなか彼の心を落ちつかせることは出来なかった。生きる意味は、死の問題を解決することが前提となることを十分承知しながら、自ら出した結論でさえも容易に彼の生と死の問題を解決することが出来なかったということである。

高見順は作家であるとともに詩人であった。洛陽の紙価を高めた詩集『死の淵より』という名著も出しているが、この日記の中でも数多くの詩が収められている。そのなかに、カタカナばかりで書かれた「トロロイモ」という作品がある。

ワタシガシヌノハ　ワタシノイシデハナイ
ダレノイシデ　ワタシハシヌノカ
トロロイモヲ　シャセイシタワタシハ
オロシガネデ　ツマニ　トロロヲオロサセテ　タベタ
タイヘンニオイシカッタ
トロロハ　ワタシノイシデ　シンダ
シンデ　ワタシノナカデイキ
ワタシノ　イノチヲヤシナッテクレル

ワタシガシンダラ　ダレヲヤシナウカ
ダレヲ　ヤシナイウルカ

（『同』下巻、三二一～三二三頁）

という詩である。たしかにトロロイモは彼の意志で命を奪われながら、むしろ彼の体を支える滋養となって彼を生かしている。しかしこの作家は、死にたくない自分を死に至らしむるのは誰なのか、神の意志によって自分の生き死にが左右されてはたまらないという思いがあった。その上トロロイモと違って、自分が死んだら誰も養い得ないのではないかという寂寥《せきりょうかん》感におそわれていた。果たして人間は、死んだら誰も養い得ないのであろうか。これはわれわれに大きな問題を投げかけていると言ってもよい。

この書には、高見順が直接書いた日記は昭和四十年七月十三日で終わっている。そのあとは秋子夫人の看護メモが彼の亡くなる八月十七日まで詳細に書き続けられている。取りわけこの作家の臨終の模様が極めて感動的に記されている。

高見順が亡くなるその日、東大時代の友人であった中川宗淵《そうえん》老師が病室を訪ねて来た。作家の書斎の前の庭から拾って来たとて、丸い小石を枕頭《ちんとう》にそっと置いて、「高見さん、さあ家へ帰って来たんですよ。分りますか?」と呼びかけたという。老師は法衣の懐から〈告別の辞〉だという長文の巻紙も枕許に置いた。やがて老師は、「こんなものは取りましょう」と言いながら酸素吸入のパイプを取りはずした。呆気《あっけ》に取られている先生方に軽い会釈をすると、小さいが力のこもった声で経文を唱え、喝《かつ》！と言った。この最後の一喝で読経は終わったようである。秋子夫人は看護メモの最後に、「その時、閉じられたままだった高見の眼じりから、涙が一すじ流れ落ちた」と書いている。私はこの最後の文章を読んだとき、何となくほっとした思いを抱いた。恐らく夫人も、長くて苦しい心の彷徨《ほうこう》を続けていた夫を見ていただけに、主人と死別するというかなしみは耐えがたいものであったと思うが、この一すじの涙を見て、夫は何か或る種の安らぎを得て旅立ったのではないかという安堵感を持ったように私は感じた。

高見順は、「トロロイモ」の詩の中で、「ワタシガシンダラ　ダレヲヤシナウカ、ダレヲヤシナイウルカ」と詠ったが、この作品は、少なくも生をみつめ、死と向かいあっている多くの人びとに、生きる意味は何か、「心の平安」を保つためには何が必要なのかを問うたという意味では、読者に、生の問題・死の問題を考えさせたと言えよう。ただ惜しむらくは、彼は、数多くの仏書に親しんだが、仏殿に坐り、仏法を語る人の人格を通してその生の声を直接聴くという機縁は全くなかったのではないかと思われる。クリスチャンであれば、教会の神の前で敬虔《けいけん》にひざまずいて、牧師の説教を謙虚に聞くことなくして真の信仰は得られないであろうし、仏教徒であれば、恭敬心《くぎょうしん》をもって無条件に仏の前に頭を垂れなければ法悦は得られないに違いない。当然、念仏を申すことなくして真の念仏者になれる筈はないのである。

人間は論理の動物ではない。感情の動物である。ゆれ動く心の襞《ひだ》を整えてくれるのは理屈ではなく、より高い感情、より深い感情である。『観無量寿経《かんむりょうじゅきょう》』には、「仏心とは大慈悲そのものである」と説かれているが、この大というのは、比べようがないほどに広くてすぐれているという意味であろう。われわれの抱くかなしみや苦しみが深い程それをつつみこんでくれる如来のはたらきが大きいということを知らされれば、どんな状況のなかでも「心の平安」を得てほしいと願っているのが如来であることが理解されるであろう。それに気づくことが出来れば、まさにわれわれは、生かされて生きているという諦念とよろこびが生まれて、この人生のなかで、われわれの生きる意味が明らかにされるのだと思われる。

倫理学者として知られた白井成允《しげのぶ》博士が、東大を出て将来を嘱望されていた息子を亡くされたときに作られた歌はとても有り難いものであった。それは、

涙、涙、涙のゆゑにみほとけは浄《きよ》きみくにを建てたまひけり

（『歌と随想　青蓮華』九三頁）

という一首であった。取りわけこの歌で私が大きく心を惹かれたのは、「涙、涙、涙」と読点《とうてん》が打ってあるところであった。遭難した息子のあれこれを思うと、止めどもなく

涙が流れるものの、月日の経過によって、一応心の整理は出来るものである。しかし人間のかなしさは、何かの縁に触れて、ふたたび息子を憶うては涙を流すものである。そんな繰り返しを余儀なくされるのが凡夫の実態なのであろう。

そのようなわれわれを見抜いた如来は、涙を流すな、かなしみを持つなと諭すお方ではなかった。涙を流しているそのままの姿を抱きとり、命を失った息子は浄土に生まれたことを告げるのであった。暗い心を抱いている作者の胸に、浄土の光が当てられてあることに気づいたとき、博士は、如来の慈悲の深さに心があたためられて、ほろほろと涙をこぼしながらも、もったいのうございます、ありがとうございます、うれしゅうございますというよろこびが生まれたに違いない。この歌は、かなしみのなかに在りながら、まさしくこのような自分のためにこそ浄土をご建立いただいたという事実と、いのちの依りどころが明らかになったよろこびとを表白したものであった。

したがってここには、はっきりと孤独が癒されてゆく安らぎが見られる。同時に作者は、遭難した息子は、その身を通して人生の確かな事実を告げ、いま自分が心しなければならないことは何なのかを教えてくれたと思ったに違いない。それは取りも直さずみほとけの国に生まれた息子が自分をいまも養っていてくれると実感したことであろう。一人であるという事実があるからこそ、一人ではなかったというよろこびが生まれたのである。生きる意味が見出され、生きる価値がはっきり知られるのも、そこから始まると言うべきである。

仏のめぐみ

われわれの人生において、大別すると、どうしてもなくてはならないもの、あるに越したことはないが、なくてもよいと思われるもの、ない方がいいと思っているものの三つに分けられると思う。空気や水は、人間が生きてゆく上でどうしてもなくてはならないものであるし、身につけるアクセサリーや部屋に置く調度品などは、立派なものが望まれるであろうが、どうしてもなくてはならないものばかりではなかろう。まして借金などは誰でもない方がいいと思っているに違いない。

この分け方にしたがうとすると、日本人は、宗教をどの部類に入れようとしているのであろうか。ない方がいいと思っているのは少数派であろうが、自分が生きてゆく上で、どうしても宗教はなくてはならないと思っている人がどの位の数を占めるであろう。日本人はその大半が重層信仰者であると見られている。自分が不利になったり不幸を感じるときは、得てして「かなわぬときの神だのみ」を平気で行なうし、絶望的な状況に陥ると、「神も仏もあるものか」ということばを平然と口にする人が多い。

宗教的な風俗や慣習は大事にするが、自分の生きる基盤として信仰を身につける大切さを思う人が少なく、信仰そのものまでが生活の上でのアクセサリー化している点も少なくない。乳児の初参りは神社に詣《もう》で、結婚式はキリスト教信者でもないのに教会で行ない、葬儀は仏式で執行しても全く矛盾を感じない国民性は、欧米の人たちの眼に異様に映るのは当然なことであろう。しかも現世の利益《りやく》を求めて各地をさまよう人びとの列が今も絶え間なく続くのは、どうみても、信仰を自分の生きる手段として利用しているとしか思えないのである。まして、名聞《みょうもん》・利養《りよう》に心を奪われて、東奔西走する姿は決して賞められるべきことではない。それは兼好《けんこう》法師が『徒然草《つれづれぐさ》』の第三十八段に、

名利《みょうり》につか《（使）》はれて、しづか《（閑）》なるいとま《（暇）》なく、一生を苦しむるこそおろか《（愚）》なれ。

（二八頁、岩波文庫）

と指摘している通りである。しかもこの文明社会にあっても、結婚式から葬儀に至るまで日の善し悪しを選び、家の新築や道路の完成を祝う日まで、暦をみて吉凶を沙汰するということはまことに歎かわしいことではなかろうか。同じく『徒然草』の第九十一段には、

吉凶は人によりて日によらず。

（五三頁、同）

と明言されていることをわれわれはしっかり考えてみたいことである。

信仰は生きる手段として利用すべきものではない。生きる基盤の脆弱《ぜいじゃく》なわれわれを支えきってくれるだけではなく、何ものにも怯《おび》えることのない力を与えてくれるもので

なければならない。そのためには、いかに生きるかという生きる技術や方法を学ぶものではなくて、どう生きるのが本当なのかを知らしめるところに宗教あるいは信仰のすばらしさがあると言えるのではないか。迷走しがちなわれわれに、正しい方向を与えてくれるものが自分にとっての信仰でなければならない。その意味からすると、信仰はまさしく決断である。そのことを直接肌で感じさせてくれたのがヨーロッパの念仏者たちであった。

昭和六十三年七月のことである。私は、浄土真宗教学研究所の研修旅行として、〈ヨーロッパの念仏者を訪ねる旅〉に参加した。総勢二十名であった。もちろん西ベルリンで開催される「ヨーロッパ真宗会議」に参加することも目的の一つであったが、仏教不毛の地でひたすら念仏の教えに生き抜いている人たちを訪ねるのが大きな目的であった。

最初に訪ねたのがベルギーのアントワープにある光明寺であった。ヨーロッパにおける真宗寺院の第一号で、ここに寺院を開設したのは比較宗教学者であるペール博士であった。われわれは、日本式に内陣《ないじん》が整備された光明寺で、ペール博士とともに「正信偈」を読誦《どくじゅ》し、声高らかに念仏を唱和したことに深い感動を覚えた。取り分けペール博士が、日本から持参したローソクを仏前で点火して、恭しく礼拝《らいはい》する敬虔《けいけん》な姿に身のひきしまる思いがしたことである。親鸞聖人は『高僧和讃《こうそうわさん》』のなかで、

不退《ふたい》のくらゐすみやかに
えんとおもはんひとはみな
恭敬《くぎょう》の心《しん》に執持《しゅうじ》して
弥陀《みだ》の名号《みょうごう》称《しょう》すべし

（『註釈版聖典』五七九頁）

と詠っておられるが、私は、ペール博士がすべてのはからいを捨て去って跪《ひざまず》き、明るく称名念仏をされているのを見て、このご和讃を思い出したことであった。

翌朝われわれは、ブリュッセルの空港からスイス航空で発ち、ジュネーブに着いた。レマン湖に浮かぶ船上レストランで昼食を済ませたあと、一時間程バスに揺られてイヴェルドンに向かった。シュビリエ師に会うためであった。自宅を改造して「念仏庵」と書かれた部屋は、マンションの十一階にあって眺望のすばらしいところであった。交通事故に遭って車椅子の生活をされていたシュビリエ師は、温厚篤実《おんこうとくじつ》ということばそのものので、われわれをあたたかく迎えて下さった。ここでもいっしょに「正信偈」をつとめながら共々に一味平等の世界に国籍を越えて和《なご》み合う場のあることをとてもうれしく思ったことである。師は合掌してわれわれを見送って下さった。「世界はみな同朋」の思いを強く感じたことである。

何と言っても、最も深い感動を覚えたのはヨーロッパの第二号寺院である信楽寺《しんぎょう》を訪ねたことであった。夕刻であったが、とても柔和な表情で迎えて下さったのはジャン・エラクル師とその門弟とも言うべきデュコール師であった。われわれは歩いて数分のところにある宿泊先のホテルの地下食堂に二人を招待して、いろいろと話を聞くことが出来た。現在カナダの大学で教鞭を執っていて、日本にも二度留学をしたデュコール博士や通訳によって、エラクル師の回心《えしん》の状況を聞くことが出来たことは何にも増して有り難いことであった。

エラクル師はカソリックの司祭であった。しかし東洋の宗教の研究に打ち込むうちに、次第に仏教に惹かれていったという。語学に堪能な人で、サンスクリットやチベット語を始め、遂には漢文をも読めるようになって、仏教諸宗を遍歴し、法華経をも学んだが、師の心を安住させるには至らなかった。その上仏教を学び始めることによってカトリック教会の迫害も受けたが、その頃師は二元論的なキリスト教に満足できなくなっていた。そんな折に『観無量寿経』の世界に惹かれ、さらにヨーロッパ真宗のパイオニアであったドイツのハリー・ピーパー師との出会いが決定的な縁となって浄土真宗に帰依し、遂にカトリック教会を離脱して信楽寺を建立するに至ったのである。

私はこの研修旅行団の団長をしていたのでエラクル師に、「いつも『正信偈』をつとめていると承ったが、『正信偈』のなかで最も心が惹かれるところはどこですか」と訊ねた。師はすかさず次の四句を挙げられた。

極重《ごくじゅう》悪人《あくにん》唯称仏《ゆいしょうぶつ》　我亦在彼《がやくざいひ》摂取中《せっしゅちゅう》
煩悩障《ぼんのうしょう》眼雖不見《げんすいふけん》　大悲無倦《だいひむけん》常《じょう》照我《しょうが》
(極重《ごくじゅう》の悪人《あくにん》はただ仏《ぶつ》を称《しょう》すべし。われまたかの摂取《せっしゅ》のなかにあれども、煩悩《ぼんのう》、眼《まなこ》を障《さ》へて見《み》たてまつらずといへども、大悲《だいひ》、倦《もの》きことなくしてつねにわれを照《て》らしたまふといへり。『註釈版聖典』二〇七頁)

エラクル師は、「阿弥陀如来がこのスイスにまでお出まし下さって、汝エラクルよとよび続けて下さると思うと、「正信偈」を拝読するたびに、この四句のところで涙が出るのです。私は、ハリー・ピーパー師から貰《もら》ったカセットテープを持って、レマン湖のほとりの公園で念仏を称えながら一生けんめいに練習しました。公園の小鳥までが祝福していてくれるようで、私の長いさすらいの旅もこれで終わったという安らぎをいくたび抱いたか分りません…」と話された。われわれは、エラクル師の柔和な表情にも増して、純粋で深い信仰体験に強い感銘を受けたことであった。

エラクル師は、われわれが訪ねた四年後に、『十字架から分陀利華《ふんだりけ》へ―真宗僧侶になった神父の回想―』（金児慧訳・国際仏教文化協会刊）という書物を出された。師がわれわれに「正信偈」のなかで最も感銘を受けたと話された四句について、同書には、

> この一連（の聖句）は私をめあてに作られたとしか思えませんでした。というのも私自身どこから見ても誇りうる何ものもなくて、煩悩におおわれ、怒りっぽく、享楽を好み、愚かで傲慢《ごうまん》であることを認めずにはいられぬからです。にもかかわらず

私を包み込む大慈悲がありました。私は念仏を申そうと申すまいと摂取のうちにあり、もう捨てられることはないのであります。（二七七〜二七八頁）

と述べられている。見事な領解《りょうげ》ではないか。そこには一片のはからいもなく、如来の大悲にまかせきった安らぎのみが漂っている。信仰を生活の手段としようとする人びとや、何かの道具にしようと考えている人びとに、宗教のあるべきすがたは何か、どう生きるのが本当なのかということを、師は如実に示していると思ったことであった。

さらに私は「浄土真宗の教えのなかで、どんなことばが好きですか」と尋ねたところ、師はすかさず「自然《じねん》」と答えられたのがとても印象に残ったことである。親鸞聖人が晩年に書かれた「自然法爾の事」と書かれた消息《しょうそく》が浄土真宗の教えの眼目であるということをエラクル師はものの見事に言い当てられたことであった。『歎異抄』にはよく親しんでいると話されていたが、やはり同書の第十六条にはとても心が惹かれているとい

うことであった。それは、

往生《おうじょう》にはかしこきおもひを具《ぐ》せずして、ただほれぼれと弥陀《みだ》の御恩《ごおん》の深重《じんじゅう》なること、つねはおもひいだしまゐらすべし。しかれば、念仏《ねんぶつ》も申《もう》され候《そうろ》ふ。これ自然《じねん》なり。わがはからはざるを自然《じねん》と申《もう》すなり。これすなはち他力《たりき》にてまします。

（『註釈版聖典』八四九頁）

の一節である。まことエラクル師は「ほれぼれと」念仏を申す人であった。すべてのはからいを捨てて如来のみ手に抱かれることに勝る安らぎはないと実感したとき、「私の求道《ぐどう》の旅は終わった」と言われたのであろう。エラクル師は同書の発刊の序文に、

大切なことはなんでしょうか。これを書いた著者でもなく、著者が語っている内

容でもありません。ひとえに、如来様の限りない智慧の働きであります。
皆共々に、かの安養《あんにょう》の地、幸ある国、お浄土に生まれますように……。
南無阿弥陀仏
（『十字架から芬陀利華へ―真宗僧侶になった神父の回想―』四頁）

と書かれている。見事という他はない。

エラクル師は、「正信偈」の練習に没頭していると、小鳥が集まって来たり、公園のベンチの上にリスが乗ってきて跳びはねたりしたこともあったと述べながら、

「ナマンダーブ、ナマンダーブ」

弥陀の名号をリスや小鳥や昆虫や木々の生命にも聞かせたことで、私はうっとりとなりました。そして十方世界の諸仏如来と一体になった自分を感じました…。

（『同』三〇一頁）

と念仏を称えることによって、念仏につつまれていることを実感するとともに「小鳥や昆虫や木々の生命にも聞かせた」ということで、言い知れない広い世界に身が置かれたことを語っている。それは魂のさすらいを続けて、涸渇《こかつ》したいのちに慈雨《じう》が注がれて甦《よみがえ》ったような思いを抱いたからであろう。われわれは浄土へ向かって歩き続ける人生を持っているが、浄土に生まるる身となれば、如来の願力によって再び迷える人びとを救うはたらきが得られる。念仏を申す人生は、つねに新しくいのちが甦る人生を持つということであろう。それを明らかに見せてくれたのがエラクル師であった。

人生の明暗は、自分の立っているその基盤が確立されているかどうかによって分れるものである。病める人でも明るく生きている人もあろうし、富める者が暗い心を抱いているかなしい人生を歩んでいることもあるであろう。問題は、どちらに眼を向けて、どの方向に歩みを運ぼうとしているかである。われわれは、如来の大悲があまねく十方の世界をつつみこんで、あらゆる人びとを、つねに照護しながら救い取って離したまわぬということを決して忘れない日暮しを持ちたいものである。

福井県の一隅で、仏法に遇い得たよろこびを書き綴ったのは、竹部勝之進さんであった。氏は自ら発刊した詩集『はだか』(法蔵館刊)のなかで、「慈悲の唄」と題して、

モッタイナイコトデス
モッタイナイコトデス
ワタシヒトリハ
ワタシヒトリハモウタスカラズトモ
ヨロシウゴザイマス
モッタイナイコトデス

モッタイナイコトデス　（四六頁）

という詩を発表している。最初の二行に示した「モッタイナイコトデス」は、何の力みもなく、何のてらいも見せず、ただひたすらに仏の大悲につつまれているよろこびを詠ったものであろう。しかし自分は、如来のあふるる恵みを蒙《こうむ》りながら、かなしいことに、愚かしきことの繰り返しをしている自分であるから、私一人だけは、もう救われなくていい、あなたにご迷惑をおかけするだけであるからという思いを持ったに違いない。しかし如来は、私を追い求めて抱き取って下さるのであったと気づいたとき、作者は恐らく涙を溜めながら、さらに「モッタイナイコトデス　モッタイナイコトデス」と重ねて言わずにおれなかったのであろう。この詩をいくたびも口ずさんでみると、作者の深い感動が伝わってくるとともに「如来の慈悲あまねし」の思いがひしひしと身にひびいてくる思いがすることである。

Ⅲ いのちの帰するところ

いのちの甦り

生は死の始まりであるが、死もまた生の始まりであるということをわれわれは忘れてはならない。「往生」ということばは、文字通り〈往きて生まれる〉ということであるから単なる死を意味するものではない。したがって往生は、仏国土に往きて仏と生まれかわるという意味であって、これはすばらしいことである。かつて親鸞聖人に仇《あだ》を為した山伏の弁円《べんねん》が、心をひるがえして名を明法房と改め聖人の門弟となった。しかし彼が聖人に先んじて往生したという知らせを関東の門弟から受けとった聖人は、その返事のなかに、

明法御房《みょうほうのおんぼう》の御往生《ごおうじょう》のことをまのあたりきき候《そうろ》ふも、うれしく候《そうろ》ふ。

(『註釈版聖典』七四二頁)

と書かれている。かつては仏法を誹謗《ひほう》し、聖人の行動を妨害した弁円が、聖人の門弟となってひたすら念仏を相続しながらその一生を閉じたことを聞いて「うれしく候ふ」と述べられたのであろう。また「ひらつかの入道」という人が往生されたという手紙を受けとった聖人は、「めでたさ申しつくすべくも候はず」と書かれている。われわれの最終の目的は、浄土に往生して仏同体のさとりを得るということであるから、「うれしく」とか「めでたく」ということばが用いられたのであろう。

然るに世間では、往生ということばが困ったという意味に用いられていて、「全く往生した」とか「立ち往生」ということばが平気で使われている。これは、往生が単に死を意味するものと受け取られ、死が困ることという思いからそのような誤った用い方がされるようになったのであろうか。

先に日本では重層信仰が平気で行なわれているということを述べたが、「神仏一体」ということばも、何の抵抗もなく用いられている。案外神も仏も同じであると錯覚している人が多いのかも知れない。まさしく宗教的無知を露呈しているようなものである。仏式で行なわれている葬儀の弔辞に、「どうか天国から私たちを見護って下さい」と述べているのを聞いても、さして違和感を感じる人が少ないのはどうしてであろうか。中には「幽明境《ゆうめい》を異にして」ということばを用いて、死者は暗闇の世界にいて、生きているわれわれは明るい世界にいるということを述べた弔辞も少なくない。これは全く逆ではないのか。浄土は「無量光明土」と言われる。決して暗闇の世界ではない。しかも死んでゆく場所ではなく仏と生まれるところである。如来の願力によって救われてゆくのであるから、ここで用いられるのが「他力」ということばである。これは決して他の力、他人の力を意味するものではなく仏力である。親鸞聖人は、『教行信証《きょうぎょうしんしょう》』の行《ぎょう》の巻《まき》で、

他力《たりき》といふは如来《にょらい》の本願力《ほんがんりき》なり。

（『註釈版聖典』一九〇頁）

と明らかにされた。阿弥陀如来の本願力によって救われるところに他力本願ということばの重さがある。もともと自力・他力ということばは、この私が救われるかどうか、仏になり得るかどうかのところで用いらるべきものである。妻子を捨て、あらゆる欲望をも棄てきって、自ら仏になるために菩提心《ぼだいしん》を発してきびしい行を続けることの出来るものは限られた聖者だけである。愛欲の煩悩に涙し、欲望の虜《とりこ》になって苦悩しなければならない凡夫にはとても出来得る行ではない。そのようなわれわれのために、救わねばならぬという本願を発し、つねにわれらを喚《よ》びつづけながら、摂取して捨てたもうことのない阿弥陀如来のはたらきが「他力本願」である。

商いをしながら、折々のよろこびを詠いつづけた大阪の榎本栄一さんは、「あるく」と題して、

わたしを見ていてくださる

人があり
わたしを照らしてくださる
人があるので
私はくじけずに
こんにちをあるく
（『群生海』一〇七頁）

と詠っている。ゆったりと人生を過ごすことが出来るのは、如来の大きなめぐみのなかに在る人生だからであろう。他力本願に生きる人生とは、すべてをまかせきった安らぎのなかで、しかも自分を見失わない日々を送るということであろう。

先に紹介した伊藤左千夫にも、

み仏の大きめぐみの計《はか》らひの内に迷はずあれのみ教え

（『伊藤左千夫全短歌』四〇九頁）

という一首がある。この歌にも他力に生きる思いが如実にあらわれている。人間の心のあやうさ、人間のすがたの愚かさに気づくからこそ彼は、

人心あやうきものと思ひ知り尊き御名《みな》をせめて申すも

（同頁）

と詠ったのであろうか。

三十数年も前のことであるが、奈良県の吉野の或る寺にご縁を結んだときのことであった。十二月に入っていたと思う。とてもきびしい寒さであった。初日の夜は北風が激しく吹いて参詣人も十名前後であった。その寺のご住職は「お参りも少ないこととてあたたかいお茶でものみながら信仰座談会にしよう」と提案された。「何が機縁となって

聞法をするようになったかを聞かせて貰おう」ということであった。最初は皆が黙りこくって下を向いていたが、私の隣に坐っていた六十二、三歳位と思われる男性が口を開いた。

「私は、娘と孫のおかげでお聴聞《ちょうもん》させていただくようになりました…」

と言って一息ついたあとに次のように話したことであった。

「娘が吉野の女学校を卒業して家事を手伝っていたのですが、二十歳のときにご縁があって聟《むこ》養子を迎えました。本人はまだ若いのでしばらく独身で居たいと申しましたが、男の子が亡くなっているし、早く孫の顔が見たいという思いが親の側にあったので話を進めてしまったのです。娘が二十一歳のときに孫が生まれました。女の子でした。ところが娘が流行性感冒《かんぼう》に罹《かか》って、それがこじれて急性肺炎になり、わずか一週間余りの患《わずら》いで死んでしまったのです…」

その人は、ゆっくりと、しかし当時のことを思いだすように目をしばたきながら話をつづけた。

「娘が亡くなる二日前の夜半のことです。女房も聟も疲れているので、私は娘の側でうつらうつらと居眠りをしながら看取《みと》りをしておりましたところ、『父さん、父さん』と娘が私を呼んだのです。娘は『おばあちゃんは寝ているの？　うちの人は？』と尋ねるので、いま夜中だから二人とも疲れてねていると申したところ、『それならよかった、父さんにぜひお願いしたいの。子どもをほんの少しの時間でいいからここへ連れて来て……』と哀願するんです。わしは、それは駄目だ、お前は風邪がこじれて熱が高いのに、赤ん坊にうつったら大変じゃないか。熱が下がったらいつでも連れてきてやるし、抱かせてもやるからしばらく辛抱しろと言い聞かせたのですが、娘は泣くばかりで『おねがいだから、おねがいだから…』と言いつづけるのです。一、二分だけだぞと言うて、娘に手拭いでマスクをしてやり、上半身を起こして座布団でつっかいをしてやりました。ばあちゃんが目をさまさないように、そっと小さな布団で寝かされている赤ん坊を娘の側へ連れてきてやったのです…」

その男性は、当時を思い出したのか涙にむせびながらしばらく言葉を出すことが出来ないようであった。聞いている人は女性が多かったが、みな一様に熱いものを流しながら無言で下を向いていた光景を私は今も忘れることが出来ない。

「……娘は、しばらく赤ん坊をみていましたが涙声で『親は子どもを産んだから偉いのと違う、育ててこそ親の値打ちがあると聞いていたのに、母ちゃんはあんたを産みっぱなしで終わりそう…かんにんしてな』と赤ん坊の頭を撫《な》でるようにして詫びているんです。しばらくして、指を折ってねむっている赤ん坊の十本の指をゆっくりゆっくり開いて、自分の手でつつみこみながら合掌させているんです。『母ちゃんは、人間の姿のなかで一番美しくて力強いのは手を合わせる姿だと聞いたことがあるんよ、これからつらいときでも、かなしいときでも、どんなときでも、お手々を合わせることを忘れない子に育ってね…母ちゃんはあんたがお手々を合わせてナンナンチャンと言うてくれたら、いつでもあんたの側に来るからね…』と語っているのです。わたしゃあ赤ん坊を元のところへ移し、娘を寝かせたあと、表へ出て男泣きに泣きました。翌々日に娘は二十一歳で死によりました…」

私のみならず居合わせた人びとがこの男のことばにどれ程感動したことか。二十一歳の若い女性がこんなにもすばらしいことばを語り、親からの形見として嬰児《えいじ》に合掌の姿をさせたということに深い感銘を覚えて、しばらくは誰からもことばが出ない有様であった。

西洋の思想家は、宗教感情というものは、「絶対依憑《えひょう》の感情である」（シュライエルマッハ）と言った。親鸞聖人は「恭敬《くぎょう》の心《しん》に執持《しゅうじ》して」（『高僧和讃』『註釈版聖典』五七九頁）と述べられたが、「執持」は左訓に「こころにとりたもつ」と示されているように、その思いを放さないことである。またこの「執持」は「不散不失に名づく」とも示されているので、散失しないということであれば、身につけるということであろう。そのためには形を通すということは極めて大切なことである。この若い母親が、嬰児に合掌の姿をさせてそれを形見としたとは何とすばらしいことであろう。この女性も、幼い頃から自然に合掌することの美しさ、すばらしさを母から学んでいたのかも知れない。まことに見事な話である。

その男性の話はさらに続いた。ゆっくりした口調ではあったが、ずしりと胸にひびくことばであった。

「…孫が物心ついた頃に、私は、仏間にある娘の写真の前で、この孫に母について話したんです。母ちゃんは可哀想《かわいそう》に、一度も「お母ちゃん」と呼んでもらったことがなかったんだよ、お前がまだ赤ちゃんだったから…。また、お嬢も母ちゃんから名前を呼ばれても何も分らなかったけれど、お嬢のお手々を始めて合わせてくれたのはこの母ちゃんだよ。母ちゃんは、お手々を合わせて、ナマンダブ　ナマンダブとお念仏を称えてくれたら、お嬢が呼んでいてくれると言うて、ナンナンちゃんといっしょにいつでもお嬢のところへとんでくると言ってたんだよ…。子どもは素直です。一々屁理屈を言いません。教えられたままに朝な夕なナマンダブ　ナマンダブ　ナンナンちゃんおはよう、お母ちゃんおはよう、と挨拶をしているんです。私はその姿をみて、娘は死んだのではない、今現にこの子の上に生きつづけて、この子を護りつづけていると思うようになったのです。娘のいのちが、幼子のいのちをあたためていてくれているということをそのとき実感したのです…。私は娘に教えられ、孫にも教えられて、うかうかと日送りをしていては勿体ないと思うようになりました。孫はいま小学生で、とても明るく学校へ通っております…」

この男性の話は終わった。しかしみな一様にすばらしいご縁に遇うた感激が、自然な形でお念仏となってあらわれた。わずか十名前後の参詣人であったが、誰もがそのご縁に満ち足りた思いを持った。死んだらそれでお終いではない。いま浄土に生まれた人は、称える念仏のなかに甦って如来とともにわれわれを済度していてくれるのである。まさしくいのちの甦りがあるということは何とすばらしいことであろうか。浄土に生まれるのも如来の本願力によるものであるが、浄土に生まれれば、再び苦悩に沈む人たちを救うはたらきまで如来から得られるとは何と有り難いことであろう。

歌人の斎藤茂吉《もきち》は、

あかつきのまだくらきより御名《みな》となふるいでいる息《いき》ぞ尊《たふと》かりける

（『斎藤茂吉選集』五八頁）

と詠っている。念仏は、いつも愚痴をこぼしやすいこの私の口から出ているが、それを耳にするといかにも尊い。この歌人は夜が明けきっていない朝まだきに静かに仏のみ名を称えている。息が白く見えているかも知れない。しかし、いま生きてみ名を称える身になっていることに深い感動を覚えているのであろう。念仏は厭世《えんせい》のつぶやきでもなけ

れば悲嘆の訴えでもない。仏徳の讃嘆であり、生かされて生きる身のよろこびの表白《ひょうびゃく》である。だからこそ甲斐和里子さんが、

御仏《みほとけ》をよぶわがこゑ《（声）》は御仏のわれをよびます御声なりけり　（『草かご』二四四頁）

と詠って、念仏を称えるままが仏のいのちが声となってわが耳にとどけられているということをよろこばれたのであろう。仏のいのちが通うているわがいのちであったと一日一日をていねいに生きたいものである。

耳を洗う

私の住んでいる寺から六キロ程離れたところに、臨済宗《りんざいしゅう》永源寺派の本山である永源寺という名刹《めいさつ》がある。寂室《じゃくしつ》禅師の開創したこの寺の山門の前に、大きな石をくりぬいた手水鉢《ちょうずばち》があって、最近までここに「洗耳水」と書かれた立札が建てられていた。手を洗うべき手水鉢に、なぜ「耳を洗う水」と書かれているのか、地元の人も、さして関心を示していなかったが、私は、人から問われるままに、「恐らく山門をくぐる前に、手を洗うことも大事なことではあるが、何よりも、仏法が素直に聞こえる耳を持ってこの山門をくぐれという意味であろう」と語っていた。

ところが、後年、ある宗教新聞に、古田紹欽《しょうきん》教授の「百道庵閑話《かんわ》」という随想が掲載され、「洗耳」の由来が詳しく述べられていて、これは中国の故事に基くものであるということを初めて知ったことであった。

古田教授によると、宋の時代に、名僧と言われた智愚という人の書である『虚堂録』のなかに「巣父《そうほ》飲牛許由《きょゆう》洗耳」（巣父牛に飲ませ、許由耳を洗う）ということばがあって、それに因《よ》るというのである。このことばの意味するところは、かつて、堯《ぎょう》が天下を許由に譲ろうとしたとき、許由はそのことばに乗ろうとせず、ある浜で、自らの耳を洗って、その堯の要請を辞したという。また巣父は、牛を引いてきて、この川の水を牛に飲ませようとしたが、許由がここで耳を洗ったという話を聞いて、さらにその川の上流にさかのぼってから牛に水を飲ませたようである。堯の甘言《かんげん》に耳を藉《か》さなかった許由にしても、また、許由の真似をしたと思われることを嫌った巣父にしても、何れも潔癖な人であったということであろう。

永源寺を開創した寂室禅師は、この中国の故事を思い、朝廷や幕府から大きな寺に住むことを要請されるのを嫌って、湖東の愛知川《えちがわ》の上流に今の場所を選んでこの寺を開き、そこに手水鉢を置いて、許由の心を心としたのであろうというのが古田教授の言であった。

われわれは、よく「忠言耳に逆《さから》う」ということばを用いるが、人間は、極めて自尊心が強いだけに、或る程度自分が認めていることであっても、他人の忠告にはなかなか耳を傾けないものである。にもかかわらず、この耳は、甘言には極めて弱く、身の程をもわきまえずにすぐ有頂天になったり、時には自分の意にそぐわないと思っても、自分の名利のためであると知ると、すぐそのことばに従ってしまうという弱さを持っているものである。俗に「耳寄りな話」ということばがあるが、これは、自分の興味をそそるようなときには、身を乗り出して相手のことばに耳を傾ける人間のすがたがよく浮き彫りにされていて、人間とは、まことに得手勝手な存在であるということを如実に示しているると思うことである。

孔子《こうし》は「六十にして耳順《したが》う」と言った。六十歳になれば、どのようなことばであっても、逆うことなく受容できる年令になるということであろう。しかし現代のように人生八十年代と言われるようになると、肉体的にも精神的にも十分活力が残されていて、仕事に油が乗り切っているときだけに、とても六十歳にして「耳順」という境地に達せられるかどうか疑問である。古田教授は「耳そのものを洗うことなくして、耳順は耳順にならないのではなかろうか」と述べておられるが、まことにその通りと思わざるを得ない。

中国の故事によって、「洗耳」の意味するところを知ったが、私は、やはり仏法を聞くためには、どんなときでも、耳を洗う気持をおろそかにしてはならないと思うのである。それが仏法を聞く基本姿勢であることを忘れてはならない。『無量寿経』の「往覲《おうごん》偈《げ》」に、

謙敬《けんきょう》にして聞《き》きて奉行《ぶぎょう》し、踊躍《ゆやく》して大きに歓喜《かんぎ》す。

（『註釈版聖典』四六頁）

ということばがあるが、教えを聞く基本は、謙と敬であるということである。〈へりくだりの思い〉と〈敬いのこころ〉なくして仏法は身につかないということである。

ましで「聞の宗教」と言われている浄土真宗においては、慢心がすぐ頭を持ち上げてくるわれわれだけに、敬虔な感情と謙虚な姿勢を失ってはならないということであろう。

「正信偈」に、

応信如来如実言《おうしんにょらいにょじつごん》

（如来如実《にょらいにょじつ》の言《みこと》を信《しん》ずべし。『註釈版聖典』二〇三頁）

とあるが、如来のまちがいのない真実の仰せを仰せのままに聞くことが大事である。「如実の聞」というのは、信じて聞くことであり、何のはからいも持たないことである。如来の喚《よ》び声がたしかに届いてこそ、信心の行人となり得るということである。蓮如《れんにょ》

上人《しょうにん》が、『蓮如上人御一代記聞書《ごいちだいききがき》』の百九十三条に、

いかに不信《ふしん》なりとも、聴聞《ちょうもん》を心《こころ》に入《い》れまうさば、御慈悲《おじひ》にて候《そうろ》ふあひだ、信《しん》をうべきなり。ただ仏法《ぶっぽう》は聴聞《ちょうもん》にきはまることなり（『註釈版聖典』一二九二頁）

と語られたのも、仏法を聴聞するということは、つねに自分の問題として聞くことが極めて大切であるということを「こころに入れまうさば」と説かれたのであった。

真宗大谷派寺院の坊守であった鈴木章子《あやこ》さんは、乳癌の手術に始まって、その後各所に転移した癌の治療に当たりながら、折々の思いを詩に託して随分多くの作品を残した。その著『癌告知のあとで』（探究社刊）は多くの読者に深い感動を与えた。彼女が死の一ヶ月前に書いた「手術」という作品がある。そこには作者の生の受けとめ方のすばらしさが語られている。

この手術が
例え
一日の延命にすぎぬものであっても
受けてゆくべきであろう
末期《まつご》は安らかにと願っているが
安らかさは保障されたものではない
苦悩の代償として
今日一日のいのちの重さを
子等《こら》に示すことができたら
これもまた
意味ある生ではなかろうか

（二一二〜二一三頁）

という詩である。作者はこの詩のあとに「終末治療に向かっているお母さんにとって、捨ててはいけない生命、一日の生命の尊さを生き続ける事が吟味ある生き方であり、これに勝る日常はないと思えてきました。南無阿弥陀仏の導かれるまゝに…」と書いている。子等に託したことばなのであろう。まことに見事である。

鈴木章子さんは、さらに「帰命《きみょう》」と題して、

「まかせよ」
「ハイ」
ただ
これだけ……

（『同』一二〇頁）

というすばらしい四行詩を書いている。これこそ耳の洗えた人と言えるではないか。鈴

木さんは、昭和六十三年の歳末に往生された。如来にまかせきった四十七年の美しい生涯であった。

仏教では、念仏をよろこぶ人は、あらゆる人の中でも「分陀利華《ふんだりけ》」と呼ばれるものであると説かれている。これは『観無量寿経』にも説かれているが、「正信偈」にも如来の本願を聞きひらくことが出来た人としてこのことばが示されている。「分陀利華」というのはプンダリカという原語を音写したもので、これは白い蓮の花のことである。泥田のなかに根を下ろしながら、美しく浄らかな花を咲かせている白蓮華《びゃくれんげ》のように、煩悩の泥沼のなかにのめりこんでいるわれわれにもかかわらず、仏法が素直に聞こえた人は、白蓮華のように美しく、希有人であり、妙好人であると讃えられているのである。

古代ギリシャの哲学者ゼノンが、

食べるという機能と話すという役割をもつ口は一つしかないが、聞くという一つの機能しか持たない耳が二つあるということは、人間に大きな教訓を与えている。

と言ったと聞いたことがある。口が一つしかなくて耳が二つあるということは、「語るに倍して聞け」ということであろうか。成程話すには知識も経験も必要であろうが、聞くことには何ら技術は不要である。謙虚であればよい、素直であればよい。われわれは、洗耳―耳順―聞法という連なりを、この喧噪《けんそう》な生活のなかでいつも心したいものである。

昭和五十九年二月下旬のことであった。私は、岐阜県揖斐川《いびがわ》町の田中工業会社二十年記念式典に講演を依頼されて出かけた。社長の田中武夫氏は熱心な念仏者で、夫妻そろって各地の法座に数人の仲間を連ねて出かけ、精力的に聞法を続ける人であった。わが寺にも自ら車を運転して何人かの同行といっしょにたびたび参詣されたし、自宅でも年に何回かは「家庭法座」を開いて念仏の輪をひろげることに努めた人であった。自宅での法座には、近隣各家へ自ら案内に出かけ、すべての部屋を開放して午前・午後と二座に分けて勤められた法座には百名を超す群参で、いつも活気に満ちていた。

田中氏は、会社創業二十周年にあたって、旅館の大広間を借り切って、社員のみならず、関係会社の来賓や、式典後の宴会に給仕をする仲居さんたちまで、すべて講演を聞くことを義務づけていた。それぞれの宗教もばらばらであり、無宗教の人もあろうが、何か仕事をすることに一つの生きがいを感じるような話をお願いしたいという社長の要望であった。期待に副《そ》い得たかどうかはわからないが、私は「仕事ということ」というテーマで一時間程話したことであった。機械によって油まみれになっている人も、事務所でペンを執っている人も、たとえ媚《こび》を売らねばならない職業であっても、仕事そのものに尊い賤《いや》しいがあるのではなく、仕事に向かう姿勢によって貴い賤しいがあるという釈尊の説法を中心に話したことであった。一時間程の講演を済ませて、私は、案内されるままに宴会までの時間を過ごすために旅館の一室で休憩をしていた。

しばらくして、社長夫妻が休憩をしている部屋へ来られて、しばらく時間があるので、近くの病院へ行ってくれないかと言われた。怪訝《けげん》な顔をしている私に、「実は私の四男坊が入籍している家の姑さんがいま癌で入院しています。今のところ意識ははっきりしているのですが、医師の診断ではあと一週間か十日位というので、会うて一言でも話してやってほしいのですが…」ということであった。話によるとM薬局の夫人で、田中家の家庭法座にいつもお参りをしていた人なので私もよく知っている人であった。社長夫妻と三人で車で出かけたことであった。

病室には薬局主人のMさんが付き添っていた。「どんな具合ですか」と訊ねると、Mさんは「もう点滴だけです…」と言っておられたが、すぐに奥さんを気づかってか、「点滴だけで何ヶ月でも大丈夫ですから…」と付け加えられたのが身にひびくようであった。私はK子さんの枕許へ顔を寄せて「どうですか？」と言うと、「このたびは先生より一足お先に参らせてもらいます…」と言って涙を流されたのであった。「あなたは私より若いのだから、そんなに急がなくてもいいんだよ」と話しながら、「たしかあなたは幼いときに父親が亡くなったと聞いていたが、ご母堂さんはご健在でしょう」と言うと、K子さんは、母のことを思い出してかしばらく声をつまらせていたが、次のように語ったことであった。

「…母は体調が十分ではありませんが、先日見舞いに来てくれました。私の顔を見るなり、『何を持ってきても間に合わんようになったのう…』と言って涙を流していました。しばらくして、『今日はおみやげにお念仏さまを持ってきたぞ、つらかったら称えんでもええ、聞かせてもらえや、聞かせてもらえや…』と言って、私の手をにぎりながらナマンダーブ、ナマンダーブとお念仏をとなえてくれました…」

K子さんはそのときのことを思い出したように、小さな声でお念仏を二言、三言称えていた。私のみならず側にいた社長夫妻も深い感動のなかで思わずお念仏がこぼれた。

「…母の称えるお念仏を通して、親の気持ちが痛い程わからせてもらいましたし、如来さまが、いつも喚びつづけて下さっていると気づかせていただいて、本当にうれしゅうて、有り難いことでございました…」

K子さんの声は小さかったが、とてもはっきりしていて、死を目前にしている人の姿とは思えない程であった。私はK子さんに「ご縁に遇うておいてよかったね…」と言い、「ひとときひとときをお大事に、あとは如来さまにおまかせしましょう…」と言って別れた。病院の玄関まで見送りに来たご主人のMさんが、「女房に何か一筆書いて送ってくれませんか。きっとよろこぶと思いますので…」と言われたので、帰宅後K子さんあてに、「すべて如来さまのおはからいにおまかせして、ご安心なさいますように」と書いた。

三月五日の午前七時半頃であったと思う。日まで憶えているのは、五日がわが寺のお講の日であったからである。おつとめが終わって法話までのしばらくの休憩のために茶の間へ帰って来たとき、妻が電話に出たところであった。田中社長の奥さんからだと聞いて、これはK子さんの訃報かも知れないと直感的にそう思った。間違いはなかった。今朝の未明に、親族にかこまれて大して苦しむこともなく、五十七歳で浄土の人となったということであった。私の手紙も亡くなる二、三日前に読まれたようだし、孫にも「ありがとう」ということばを残していったと社長夫人は語っていた。

『無量寿経』の「往覲偈」に、

法《ほう》を聞《き》きてよく忘《わす》れず、見《み》て敬《うやま》ひ得《え》て大《おお》きに慶《よろこ》ばば、すなはちわが善《よ》き親《しん》友《ぬ》なり。

(『註釈版聖典』四七頁)

と説かれている。南無阿弥陀仏の名号のいわれをよく聞きひらいて、信を得て法を敬い、深く仏の大悲をよろこぶ身になれば、孤独の憂いもなく、どんな状態のなかに置かれても安らぎが得られるということである。K子さんは、つらい病苦のなかにあっても、幼少時から聞法の尊さを教えられ、嫁《か》しても、姑のS子さんがご法義をよろこぶ人であったために宗教情操のゆたかな家庭環境のなかで、自然に自分のいのちの帰するところは何処《どこ》なのかを知らされていたに違いない。決して長くはないK子さんの生涯ではあったが、しかし満たされた人生であったと思われる。

相続すべきもの

かつて、万葉の歌人、山上憶良《やまのうえおくら》は、

銀《しろがね》も金《くがね》も玉も何せむにまされる宝子に如《し》かめやも

（『新訂新訓　万葉集』上巻、二一二頁、岩波文庫）

と詠ったことはよく知られている。たしかに親にとっては「子宝」ということばがあるように、いかなる金銀財産にもまさるものは、子どもに恵まれることであるというのが一般の常識であろう。

しかし釈尊は、『ダンマパダ』六二に、

「わたしには子がある。わたしには財がある」と思って愚かな者は悩む。しかしすでに自己が自分のものではない。ましてどうして子が自分のものであろうか。どうして財が自分のものであろうか。

（『ブッダの真理のことば感興のことば』一九頁）

ときびしく説いて、あたかも自分の子どもが自分の所有物であり、その財産も自分から離れぬものだと執着している愚かさを指摘しておられるのである。釈尊が説かれているように、「すでに自己が自分のものではない」ことを忘れてはならないことであろう。自己がおのれ自身によってしっかり統御することも出来ず、環境によって、意識する、しないにかかわらず左右され、激しい煩悩によってつねに崩されやすい存在である。ましていかに愛すべき子といえども、その人生を肩代りすることは出来ないし、親の意志によって自分の都合のいいように出来得る筈はない。したがって、その子にとって「財こそ力」であると錯覚して、彼らに「財を相続させる」ことに心を砕く親がどうして親心の表現と言えるであろうか。むしろ、子に残した財が、力になるどころか、かえってその子の人生を間違った方向に進ませる結果となることも世上の例では決して少なくない。まことに西郷隆盛が「児孫のために美田を買わず」と語った通りである。

兼好法師は『徒然草』の第三十八段に、

財《たから》おほければ身を守るにまどし。害をかひ《(買)》、わづらひ《(累)》をまねく《(招)》なかだち《(媒)》なり。身の後には、金《こがね》をして北斗をさゝふとも、人のためにぞわづらはるべき。おろか《(愚)》なる人の目をよろこばしむるたのしび《(楽)》、またあじきなし。大なる車、肥えたる馬、金玉のかざり《(飾)》も、こゝろ《(心)》あらん人は、うたておろか《(愚)》なりとぞ見るべき。

（岩波文庫、一一八頁）

と言い切っている。財産が多ければ、その身を守るのが常である。害やわずらいをむすびつけるのがせいぜいのことであろうという。「身の後」ということは死後のことである。死後には、金を積み重ねて、北斗七星をささえるほどあったとしても、後の人びとにとっては、厄介な物と思われるであろうというのである。ただ愚かなる人の目をよろこばせるだけの楽しみということであれば、これまた味気ないことではないか。大きな車も、肥えている馬も、金銀や宝石の飾りも、物の道理をわきまえた人には、うるさくて、愚かなことと見られることであろうというのである。兼好法師は、これらの財は、山に棄て、川に投げるべきだと、かなり極端な言い方をしているが、そのあとに、

利にまど（惑）ふは、すぐれておろ（愚）かなる人なり。　（同頁）

ときびしく戒めているところは、現代人への警鐘ともなるべきと思われることである。
このことは、すでに三千年前に、釈尊が人間の実態を極めて詳細に明らかにされたの

であった。『無量寿経』の下巻に、

田《た》あれば田《た》に憂《うれ》へ、宅《いえ》あれば宅《いえ》に憂《うれ》ふ。牛馬六畜《ごめろくちく》・奴婢《ぬひ》・銭財《ぜんざい》・衣食《えじき》・什物《じゅうもつ》、またともにこれを憂《うれ》ふ。思《し》を重《かさ》ね息《そく》を累《つ》みて、憂念《うねん》愁怖《しゅうふ》す。（以下略）

（『註釈版聖典』五四頁）

と述べられて、人間が欲心のために、いつも右往左往する有様が述べられ、しかもそのために心休まるときもなく、憂いや心配事を積み重ねてゆく状態は、現代の人間のすがたも少しも変わっていないと言うべきであろう。

そのような状態にあるわれわれにとって、「物を相続させる」ということが、親が子どもに対する愛情の表現であると錯覚していないだろうかと十分考えてみなければならないところである。わが愛すべき子や孫が、将来どのような人生を歩もうとも、決して退転することのない道を示すことが、親にとって何よりの責務なのであろう。われわれは、時代を超え、国境を超えて、不滅の真理が開顕された「如来の法を相続」することによって、どんな状況の人生の中に在っても、明るい展望の開かれる道を歩き、それをわが子、わが孫に伝えてゆくことが何より大切なことであることを忘れてはならない。それに心がけることが、ゆるぎのない安らかな人生を持つことにつながるからである。

昭和六十年に発刊した拙著『人生を考える』（探究社刊）に紹介した文章ではあるが、今でも深い感銘を覚えるので改めて紹介したいレポートがある。これは、中央仏教学院の通信教育を担当していた時に提出された武蔵野市に住む秋山妙子さんの文章である。彼女の両親が、いかにわが娘に如来の教法を相続する人間になってほしいと願っていたかが、この文章を読むと強く伝わってくるように思われる。

「法を聞く人間に育ってほしい」という両親の希《ねが》いのうちに育てられました。「他のことは一切望まない」と言い切るのですから、父母の日常生活の中での仏恩報謝のこころは、怠るということなく、身にあらわし続けておりました。

「今、お聞かせにあずからなかったら、あなた方とはこの世だけの親子」と母が申しますと、何だかとても悲しくて、「この次はちゃんとお寺へ参ろう」と思うのです。思春期の頃には、両親の姿を尊いと見つめながら、今、愉《たの》しいと感じることに余念がなかったのです。

両親は、自分に対しても、他に対しても、横着ということを致しません。二人とも小さい時から「みてござる」と育てられたと申します。折りに触れて想い出ばなしのように話す親の言葉の数々が、唯、両親の言葉としてではなく、暖かく懐かしく感じられる時がありました。何か大きく確かな存在に動かされて素直になり、それは、私の内側に深く広くひろがって、絶え間なく働きかけてくれる力となって、じっとしていられなくなってくるのです。

「如来さまのご催促《さいそく》」と、母は喜びました。

仏法を押しつけは致しませんが、決して批判や理屈は言わせませんでした。真実の親様のおまことを、おまことといただき、み教えに生かされて生きることを自然に受け入れておりました。

年老いては、帰るところのある身を感謝し合い、病んで横になったきりの父の側で、母はお念仏を申します。父は、ゆっくり大きく頷《うなず》きます。「ああ、いいなあ」と、私は思います。

順境よりも逆縁のほうが多い両親の生涯だったように思います。世間的には、消極的で、控え目に見えるのですが、いつも暖かでした。

父と母の生きたように生きたいと思います。

親の心に添いながら、私自身の生き方を問い続けてまいりたいと思います。

何とすばらしい家庭であろう。娘をして、「父と母の生きたように生きたいと思います」と言わしめるような生き方は、世の親にとってなかなか出来るものではない。ここでは、子どもに相続すべきものは何かということが極めて明白である。父母の日常生活のすがたそのままが教育であった。しかも「仏法を押しつけは致しませんが、決して、批判や理屈は言わせませんでした」と娘に言わしめる程に母の生き方は、強くて全くゆるぎのないものであったに違いない。だからこそこの文章に見られるように親と子の絆《きずな》は固く結ばれていたのであろう。

また、中河幹子という歌人に、このような歌があることを知った。

ちちははの愛深かりし田舎家を朝より念仏《ねぶつ》のこゑに満たして

（『悲母』一九三頁、『中河幹子全歌集』）

という一首である。両親の深い愛情のなかで育った作者は、幼き日の田舎の家を想い起こしながら、いつも朝から念仏の声が満ちあふれていたことを思い出しているのである。その光景が目に浮かぶようであり、家族のゆたかな表情も想像できて、平安そのものと言った感じである。だからこそこの歌人は、

喜びに悲しみに念仏《ねぶつ》したまへば幼き耳もそをききわけぬ　（同頁）

と詠ったのであった。ちちははの念仏は、よろこびの日も、かなしみに心曇る日であっても、途絶えることなく相続されていたに違いない。したがって作者は、物心がつき始めた幼い頃から、念仏というものは、うれしいにつけ、かなしいにつけても、いつでも、どこであっても称えるものであることを知らされていた。この歌人の「そをききわけぬ」と詠った環境のすばらしさが手に取るように映し出されている。まさしくここでも

立派に仏法が相続されているのであった。同時に、われわれの念仏は、何々のためというような下心をもったものでもなく、追善供養《ついぜんくよう》のそれでもないことを明らかにしているのであった。み名を称えるままが、つねに如来によびさまされているというよろこびにつながって、一声一声の念仏そのままが仏恩報謝になることを、作者はすでに幼い頃から、それとなく両親から教えられていたのであろう。したがってこの歌人は、

わが父母はこの世に生まれ来りしは真宗にあはんためと言はせし　（『同』一四八頁）

と詠って、この世に生まれた所詮は、いつでも、どんなときでも、力強く生き抜く力となってくれる真実の教えに遇《あ》うためであったと、親から言うのではなくて、子ども自身が自ら言い得るように育てられたと言っている。まことにすばらしいことではないか。子どもに与える最大の財産は、法義《ほうぎ》を相続させることであるということを、秋山妙子さ

んの場合も、この中河幹子さんの場合でも、両親が幼少時から言いつづけて来たということに、私は深い感銘を覚えるのである。

さらに私は、仏法を相続することのすばらしさ、聞法によって育てられた人の強さと美しさを身に強く感じたことがある。それは、三十年も前になろうかと思うが、今以てその日のことを深い感動を以て思い出すことである。

それは、琵琶湖まで数キロという湖東の農村寺院の仏教婦人会の法座にご縁を結んだときのことであった。そのとき仏教婦人会の会長が、この三月で自分の任期が終わるので、今夜はぜひ座談会にしてほしいと申し出たことであった。この地は滋賀県内でも屈指のご法義地で、私は年に何回もこの寺の仏教婦人会に出講していたので、よろこんで賛成をしたことであった。しかし、どこのお寺でも同じであるが、座談会というのは、最初の発言までにかなりの時間が費やされるのが常である。しかもこのお寺の場合は、数十名の参加者であったために、突出して発言するのは、何となく面映《おもは》ゆい思いを持つ人が多かったのかも知れない。しばらく沈黙の時間があったあとに、会長は、自分が最初に感じていることを話すので、それについてみんなの感想を聞きたいということであった。それは、「お育てをいただいた人は強い」という話であった。

会長の話によると、隣のお寺のご門徒で、たしか三十二歳だったと記憶しているその女性の子どもが、一月八日、三学期の始業式の日の夕ぐれ、吹雪の中を用事で町へ出かける父親の車に乗り込んだものの、途中で左右の確認が十分でなかったためか交通事故に遭ったという。父親の方は、胸を打って骨折したが生命に別状はなかったものの、小学一年生の息子は助手席に坐っていて全身を打撲したために、数時間後に絶命したという話であった。

深夜、救急病院から無言の帰宅をするこの少年のために、親類や近隣の人が布団を敷いて待っていたという。やがて少年の遺体に付き添って帰ってきたその若き母親は、少年が布団に寝かされたあと、お仏壇の経卓《きょうじょく》に置かれている聖典の中から、少年が用い

ていた本を取り上げて息子の側に座り、しばらくは涙を流しながら少年をかかえていたようであるが、やがてつぶやくように、

「この聖典を坊《ぼん》に渡したときは、これは坊の宝だよと言ったけれど、今となっては母ちゃんの宝物になりました。ここには仏さまのお心がいっぱいつまっているんだよ。おつとめすると、仏さまがいい子に育てて下さるのだから、お経さんの本は大事にしなさいねと言ったけれど、こんなに手垢《てあか》がつくまでお経さんの本をめくっていたんだね……。母ちゃんは坊に教えられたわ、坊よ、有難うね…」と語ったということであった。

会長は涙ぐみながら話をつづけた。少年の遺体を取りかこんで「かわいそうに」とか、「いい子だったのに」と口々に語っていた親族の人たちから、思わず「ナマンダブ、ナマンダブ」とお念仏が称えられたということであった。

翌朝、その女性は、夜が明けるのを待ちかねて病院へ駆けつけたところ、夫は妻を見るなり、体を起こして、「すまん…」と言って涙をこぼしながら、「坊はどうした?」と

尋ねたという。妻はしばらく黙って夫の手を握っていたようであるが、一言も夫を詰《なじ》ることなく、「父ちゃん、坊はお浄土へ参らせてもらったんよ」と語ったところ、夫は、「なに？　死んだのか、本当に死んだのか？」と何度となく言って号泣したということであった。その間、妻は一言も発することなく、ただ涙を流しながら夫の手を握っていたという話であった。今、一番つらくてかなしい思いをしているのは夫であるということが、この女性にはよくわかっていたからであろう。

しばらくして、「父ちゃん、明日のお葬式に立てないのはつらいと思うけれど、ベッドの中でお念仏して見送ってね。坊は仏さまになったんだから、今度は坊が私たちを育ててくれるよ、きっと…」と泣きながら話したということであった。

この会長の話を聞いて、居合わせた仏婦会員は言うに及ばず、私もひととき深い感動につつまれたことであった。

たしかにお育ていただいた人は、強くてしかもあたたかい。老いて醜い姿をさらけ出したくないと自ら命を絶った著名な作家もいた。不治の病と宣告されて、絶望のあまり身を海中に投げた人もあろう。愛する人に別れて、絶望の涙を流しつづけている人も少なくないに違いない。しかしわれわれは、いかに孤独にさいなまされても、いつも大悲の如来にいだかれ、常に仏に喚びさまされて明るく生きる道が開かれていることを忘れてはならない。そのようなすばらしい生きる道を、自分の大事な子や孫が相続してくれるように努めることこそが、仏法に遇い得たものの責任であることを、われわれは決して忘れてはならないと思うことである。

いのち安らぐとき

二十七、八年も前のことである。私は、本山《ほんざん》から、ハワイ各島の浄土真宗本願寺派に所属する三十六の仏教会へ巡回布教をするために派遣された。大寒の真只中である一月中旬に日本を出発して二月下旬に帰国という四十日間の旅であった。暖房がなければとても日々を過ごせない日本から、半袖シャツ一枚で快適に過ごせる常夏《とこなつ》の国に着いて、別天地に来た思いで各仏教会を訪ねたことであった。

ところが、オアフ島の各所の出講を済ませてハワイ島へ出かけるとき、ハワイ開教本部の人から、セーターを一枚持って行った方がよいとの助言を受けて不思議な思いを抱きながら持参したことであった。一月下旬にカムエラの空港に着いたときは、思いがけない程寒かった。富士山より高いと言われているマウナケアという山には、かなりの雪が積っていた。その日の夕方に、開教使と、大きな牧場を経営していて、日本のテレビにもカウボーイの姿でコマーシャルに出ていた、木村さんという仏教会の理事長と、いっしょに夕食をご馳走になった。そのとき木村さんは、カムエラはお念仏のさかんな土地で、ここに念仏のすばらしさを教えてくれたのは、十二歳でこの世を去った一人の少女であったと話してくれたことであった。たしかに夜の法座に集まってきた百名程の人たちが、話が終わると、澎湃《ほうはい》とお念仏の声が高まって、最近の日本では見られないそのすばらしい光景に私は深い感銘を覚えたことであった。

後日私は、ハワイ島の或る開教使から一冊の本を貰った。それは、英文で書かれたものと、和文の方はガリ判刷りのもので、それを複写して合本にした冊子であった。日本語学校の校長であり、サンデースクールの教師をしておられた泉清人《きよと》という方の書かれた『龍崎《りゅうざき》恵美子』という極めて感動的な書物で、巻頭には、この少女の肖像画が泉氏の手で見事に描かれている。私はハワイ各地へ出かける旅先でも、帰国してからも、この『龍崎恵美子』という書物をいくたびとなく読み返して、十二歳の少女のすばらしい臨終のすがたに感嘆したことであった。

　それは、一九三二年のことであった。両親は砂糖黍《きび》会社に勤めているため、少女はいつも幼い弟を背負って日本語学校やサンデースクールに来ていたという。或る日、熱が高くてとても苦し気にするので少女の家まで連れて帰り、医師の診断を受けたところ、急性肺炎という診断であったという。その後、彼女は数日間でこの世を去ったということであった。

　少女が亡くなる前日の夜、急に◯◯さんを呼んで来てほしいとか、姉のように慕っていた近所のあやのさんという女性やサンデースクールの友だちの名を次々と告げるので、兄の虎次さんは、車を飛ばして少女の友人たちを呼んできた。恵美子ちゃんはとてもうれしそうな顔をして、みんなで讃仏歌を唄おうと提案した。それは、

　ほとけのみ手に　われらは引かれ

たのしき国に　いざや行《ゆ》かなん
ああみほとけ　ああみほとけ
ああみほとけ　我を愛す

という歌であった。そのとき母親は「そんな歌をうたうのは止めて！」と叫んだという。恵美子ちゃんは、「母ちゃんが嫌がるから止めよう」と言って、しばらくして深い眠りに入ったというのである。

彼女が目をさましたのは午前二時であったと書かれている。あやのさんを始め、サンデースクールの友だちも、妹を心配してヒロ市の高等学校へ行っていた姉のしめじさんも帰って来て、ベッドの側でこの少女の容態を見護っていたようである。突然目をさました恵美子ちゃんが、「誰かが呼んでるわ」と言ったので、母親が「おばあちゃんかい？」と尋ねたところ、「ほとけさまが喚んでいるの、誰かコップと洗面器を持って来て！口が臭うとほとけさまにご挨拶するとき失礼だから…」と言ったので、姉のしめじさんがすぐ用意をしたという。母親は死の準備をしているように思えてとても不機嫌だったようである。その母を注意する父親との間に少しいさかいがあった。少女はそれをたしなめたようだ。

やがて少女は、両親に向かって、「私たちのことばで一番かなしいことばは人を責めることばだって…。一番すばらしいのはほめることばだそうだよ。ナモアミダブツは、仏さまをたたえることばだから、人間のことばのなかで一番すばらしいものだとあやの姉さんに教えてもらったのよ、だから、ナモアミダブツととなえてね…」と言って、「父ちゃん、抱いて」とねだった。父に抱かれて膝の上に寝せられると、左手に父の手をとり、右手に母の手をとって、自分の胸で固く握手をさせて、「仲よく暮して下さい」と言って、珠数《じゅず》を手にかけ合掌し、ナモアミダブツと称えて「恵美ちゃん、よいところへ参らせていただくの」と呟《つぶ》やいたというのである。父に「グッドバーイ」と言って静かに息を引きとったと書かれている。この書には、恵美子ちゃんの臨終に立ち会ったサンデースクールの友だちがそれぞれの思いでこの少女の死を語っている。

余りにも美しいこの少女の臨終のすがたに驚嘆したが、この書には、山本芳雄という人が次のように自筆で書いているのをコピーして掲載されている。

――布哇《ハワイ》島のワイメア（今のカムエラ）高原に蕾のままで散った美しい花、龍崎恵美子さんの臨終物語り、之は実話である。信じ難い程の話であるが虚構は一行もない。私の母を始めワイメアの住人は全部この世にも珍しく美しい話の証人である。一九六八年・山本芳雄と書かれていて、ここには一片のフィクションもないことを述べている。

山本芳雄という人がどのような人か分らない。氏がサンデースクールの教師であるのか、カムエラ仏教会の役員であるのか知る由もないが、この少女のおかげでこの地に念仏の花が咲いたのは確かなようである。理事長の木村さんは、恵美子ちゃんの臨終に立ち会った友人たちが、今は当仏教会のリーダーになっていて、恵美子ちゃんの灯した念仏の火を消すまいと努めていると聞いて、私は深い感銘を覚えたことを今も思い出すのである。

この少女が両親に語ったように、念仏は仏徳讃嘆《ぶっとくさんだん》である。同時に自ら称えた念仏のようではあるが、実は如来の大きなうながしによるものであった。称える前にすでに喚びつづけられているのであった。

かつて三好達治は、詩集『花筐《はながたみ》』（現代日本詩人全集第十一巻所収・創元社刊）のなかで、「わが名をよびて」という詩を発表した。この詩集は昭和十九年に発刊されたもので、戦時中の学徒兵たちはこの詩をよく愛誦していたのを思い出すことである。

わが名をよびてたまはれ
いとけなき日のよび名もてわが名をよびてたまはれ
あはれいまひとたびわがいとけなき日の名をよびてたまはれ

風のふく日のとほくよりわが名をよびてたまはれ
庭のかたへに茶の花のさきのこる日の
ちらちらと雪のふる日のとほくよりわが名をよびてたまはれ
よびてたまはれ
わが名をよびてたまはれ
（九〇頁）

この抒情詩の郷愁をよび起こすようなリズムに酔うた人も数多くあったことであろう。人は、わが名をよばれて安らぎをもつものである。幼い日にわが名をよばれたときのよろこびと安らぎを、作者はなつかしい思いで想起しているのであろう。そのような詩情に、われわれも同感したことがあった。

しかしわれわれは、すでによばれているのであった。文字通り、「汝」と二人称で呼ばれているのであった。それが阿弥陀如来の名告《の》りである。それが南無阿弥陀仏の名号

である。親鸞聖人は、八十五歳のときに『正像末和讃《しょうぞうまつわさん》』を製作されて、そのなかに収められた和讃の一首に、

弥陀《みだ》・観音《かんのん》・大勢至《だいせいし》
大願《だいがん》のふねに乗《じょう》じてぞ
生死《しょうじ》のうみにうかみつつ
有情《うじょう》をよばうてのせたまふ
（『註釈版聖典』六〇九頁）

というのがある。「有情」とはわれわれ衆生のことである。「よばうて」は喚びつづけてということであるから、迷いをつづけているわれわれを、救いの船に乗せるべく喚びつづけながらはたらきづめだということである。

われわれが願う前に、すでに願われているのであった。み名を称えて救われるのでは

ない。救わるべきはこの私であったと聞こえたとき、称えるみ名は仏徳讃嘆であり、仏恩報謝となるのである。

島崎藤村《とうそん》の詩集『若菜集』（日本図書センター刊）が世に出たのは明治末期であった。藤村は、この書で「新しき詩の出発」を宣言したことによって、日本の近代詩はこの詩集から始まったと言われている。その『若菜集』の序文に、藤村は、

生命は力なり。力は声なり。声は言葉なり。新しき言葉はすなはち新しき生涯なり。

（二六一頁）

と述べている。

人間の生命そのものに力を与えるものは言葉であるから、真のことばに出あうかどうかは、われわれが本当に生きられるかどうかの問題でもあろう。

すでに仏のみ名は、声やことばに生きるわれわれに、いつも声で触れていてくれるものである。仏のみ名ありて「新しき生涯」が得られると知らされれば仏のみ名こそ「力なり、生命なり」と言わるべきである。まさしく仏は、み名であり、み名は、仏そのものなのである。しかもその喚び声は力であるからこそ、真の力は、仏のいのちをわが身に得てこそである。つねに喚ばれているからこそ、つねに応答をつづけてゆく、それが念仏者の生活と知られれば、仏と私とは呼応があり　会話があり、一人でありながら決して一人ではないという安らぎが得られるものである。孤独であって孤独が超えられ、しかもわがいのちの帰するところが明白になって、生きて甲斐のある人生が展かれてゆくと言うべきなのであろう。

十数年前のことである。高岡教区の門徒総代研修会に、二月、三月と二カ月にわたって出かけたことがあった。第一回の研修会を終えて、教区の専従員が用意してくれた氷《ひ》見《み》の海岸近くの旅館に投宿したときのことである。その専従員から一女性の詩を読む機会が与えられた。教務所に、最近、若い人のための仏教講座が開かれていないが、今年中に開催されるかどうかという問い合わせと、最近の自分の心境だという詩が、十一月に届いたということであった。

私はこの詩を読んで感動した。宿の人に詩と住所をコピーしてもらって、彼女がなぜ「念仏こそ会話である」という心境に達したのかを知りたくて、この女性に手紙を書いた。三月には富山県の新湊市《しんみなとし》（現射水市《いみずし》）近辺の人が集まるので四時半頃には終わる予定であるから出来ればお会いしたい旨を書いた。その女性から、ぜひ会いたいという返事をもらって、その一カ月後に、住職に伴われた若い女性と、教区専従員のお寺の書院で一時間あまり話し合ったことであった。軽い障害があるのでご住職がついて来られたのだが、その女性の表情はとても明るかったのが、今も強く印象に残っている。彼女の詩は用箋三枚に書かれた長いものであるが引用することにしたい。

ひとりの愛した人が
愛してた人が
私の目の前から消えた。
しかられて　たたかれて
だけど　やさしくって——。
たったひとりの愛した人が
愛してた人が
この世界から　いなくなってしまった。
私の回りにいる誰よりも
私が好きだった。
私の好きだった父が
突然　何も言わず死んでしまった。

かなしくって　さびしくって
何がなんだかわからなくって
ただ泣いて
泣いて　泣いて
かなしくって　さびしくって泣いて
涙がかれるほど泣いて――。
これからどうしたらいいのか
わからなくて泣いて――。
泣いても帰って来てくれない父。
会いたくても　会えない父。
そんな父が　一つだけ
残していってくれたもの

教えてくれたもの
それは父
唯一の父　弥陀如来——。
生みの親　弥陀如来——。
「父に会いにこいよ」「父に会いにこいよ」と
いつも言っている弥陀如来——。
私の父
父が教えてくれた弥陀《ちち》。
弥陀《ちち》と私の会話は
「南無阿弥陀仏」の一言
そのひとことで　すべて話せる。
「なもあみだぶつ」

「なもあみだぶつ」
私の父の弥陀《ちち》の言葉「南無阿弥陀仏」

何とすばらしい詩であろう。とても二十歳の女性のうたとは思えない程に、たしかな人生の受けとめを感じた。「唯一の父　弥陀如来」と彼女を言わしめたもの、それは何であるかというのが私の一番聞きたいところであった。

話によると、両親・祖母・本人・妹の五人家族であったようであるが、一家そろって仏縁が深く、彼女も宗門関係の高校を卒業したようである。ところが一家の柱であった彼女の父が、昭和六十年八月、農協の職員として東京へ出張中に脳溢血《のういっけつ》で倒れ、四十四歳で亡くなったということであった。

その父が「残してくれたもの　教えてくれたもの」は、真の父親は阿弥陀如来であるということだった。体の面倒は見ることは出来ても、子どものの心のすべてを見尽くす力は父にはない、私のすべてを知り尽くしているのは、ただ阿弥陀如来だけだよと、彼女の父はつねづね娘に語っていたのであろう。「父がおしえてくれた弥陀《ちち》」と、弥陀に〝ちち〟のルビが付されてあるところに、彼女のたしかな父のことばの受けとめが見られる。また、「『南無阿弥陀仏』の一言　そのひとことで　すべて話せる」と詠ったこの女性にとって、念仏とは、まさに如来といつも会話をすることであった。

彼女は「お父ちゃんっ子」であったという。それだけに孤独の思いは一層深かったに違いない。しかし彼女には念仏が与えられていた。一人であって、しかも決して一人ではなかったという目ざめがあった。彼女は阿弥陀如来という父を持って幸せだった。だから不自由な中にあっても、とても明るい人生が持てているのであろう。

われわれは、いかに孤独にさいなまされても、大悲の如来にいつも喚びさまされて、あたたかな如来のふところに抱かれているということを決して忘れてはならないとともに、わがいのちが安らぐときが、まちがいなく孤独が癒されるときであるということを知らねばならないのである。孤独から救われるのは、仏のいのちが通うているわがいのちであると知らされたときである。しかもわがいのちの帰するところまで明らかになれば、これにまさるよろこびはない。われわれは、いつもそのことを大事に考えて日暮らしを続けたいものである。

あとがき

　われわれの人生は必ずしも平坦な道ばかりではない。まさしく山あり谷ありである。徳川家康は「人の一生は重荷を負うて遠き道を行くがごとし」と語ったが、まことにわれわれは常に多くの問題を背負いながら人生の山坂を越えている。しかも自分の人生は自分で生きねばならない限り、孤独にさいなまされることが少なくない。取りわけ現代のような複雑な社会機構のなかでは、まさに大勢の人のなかにいても、孤独感は常につきまとうものである。家康は、先のことばに続けて「急ぐべからず」と述べているが、とてもゆったりと人生を生きるゆとりがなくなったのが現代人のすがたではなかろうか。

　本書は本年一月末に発刊した同名の小冊子の増補版である。出版社から小冊子の内容を全部生かし、具体的な話を多く入れてほしいという依頼であった。その意向にしたがって、例話・体験談などを数多く採り入れてみたが、読み返してみるといささか饒舌《じょうぜつ》の感は否めない。読者のご了解を得たいと思っている。発刊にあたっては、本願寺出版社の三上章道編集長をはじめ、辻本順爾・石井千晶両氏に何かとお世話になった。心から厚くお礼を申し上げる次第である。

平成十四年仲秋・湖東の山房にて

藤澤量正

新書へのあとがき

このたび、藤澤量正著『孤独が癒されるとき』（二〇〇二年十二月発行）を改版し、「新書シリーズ」の一冊に加えさせていただきました。

自らを見つめ、あるいはその自己と社会のつながりを考えるとき、言葉によって切り開かれる世界がよりいっそうその関係を深め、深い思索と感動に導いてくれます。

先に「新書シリーズ」として発行した『ことば―仏教語のこころ―』（増補改訂版）に続いて、著者の人生の思索の軌跡と浄土真宗の伝道への情熱が、読者の方々に伝わってゆくことを願ってやみません。

本願寺出版社

著者紹介

藤澤量正（ふじさわ　りょうしょう）

一九二三（大正十二）年滋賀県に生まれる。

龍谷大学文学部（仏教学専攻）卒業。

鉄道道友会講師、伝道院研修部長、中央仏教学院講師を歴任。本願寺派布教使、滋賀県浄光寺前住職。

二〇一二（平成二十四）年七月往生。

著書

『帰三宝偈のこころ』（永田文昌堂）、『佛の眼』『人生を考える』『現代人と浄土』『父の遺言』『わたしの「正信偈」』『いのちの帰するところ』（探究社）、『人間として』（本願寺津村別院）、『人生の詩』『聖典セミナー蓮如上人御一代記聞書』『孤独が癒されるとき ―老・病・死の中で―』『ことば ―仏教語のこころ―』『ほくほく生きる ―九十歳の法話―』（本願寺出版社）、他。

孤独が癒されるとき　［013］

二〇〇二年十二月十五日　初　版　第一刷発行
二〇一八年　二　月二十日　第二版　第一刷発行

著者　**藤澤量正**

発行　**本願寺出版社**
〒六〇〇-八五〇一
京都市下京区堀川通花屋町下ル
浄土真宗本願寺派（西本願寺）
電　話　〇七五-三七一-四一七一
ＦＡＸ　〇七五-三四一-七七五三
http://hongwanji-shuppan.com/

印刷　**中村印刷株式会社**

IN03-SH1-②20-81
ISBN978-4-89416-371-3 C3215